	Januar	ar					Juli	August	September	Oktober	November	Dezember
Meerrettich	●	[illegible]	[illegible]	[illegible]	[illegible]	[illegible]	[illegible]	—	●	●	●	●
Paprika	—	[illegible]	[illegible]	[illegible]	—	—	●	●	●	●	—	—
Pastinaken	●	●	●	○	—	—	—	—	●	●	●	●
Petersilienwurzeln	●	●	—	—	—	—	—	—	—	●	●	●
Radieschen	—	—	—	—	●	●	●	●	●	●	—	—
Rettich	—	—	—	—	—	●	●	●	●	●	—	—
Rhabarber	—	—	—	●	●	●	—	—	—	—	—	—
Rosenkohl	●	●	●	—	—	—	—	—	—	●	●	●
Rote Bete	○	○	○	○	—	—	●	●	●	●	●	○
Rotkohl	○	○	○	○	○	●	●	●	●	●	●	○
Schwarzwurzeln	●	●	○	○	—	—	—	—	—	●	●	●
Silberzwiebeln	—	—	—	—	—	—	●	●	—	—	—	—
Spargel	—	—	—	●	●	●	—	—	—	—	—	—
Spinat	—	—	●	●	●	—	—	—	●	●	●	—
Spitzkohl	—	—	—	—	●	●	—	—	—	—	—	—
Staudensellerie	—	—	—	—	—	●	●	●	●	●	—	—
Steckrüben	○	○	○	—	—	—	—	—	●	●	●	●
Tomaten	—	—	—	—	—	—	●	●	●	●	—	—
Topinambur	●	●	●	—	—	—	—	—	—	●	●	●
Weißkohl	○	○	○	○	—	●	●	●	●	●	●	○
Wirsing	●	●	○	—	●	●	●	●	●	●	●	●
Zucchini	—	—	—	—	—	●	●	●	●	●	—	—
Zuckerschoten	—	—	—	—	—	●	●	●	—	—	—	—
Zwiebeln	○	○	○	○	○	○	●	●	●	●	○	○

DAS KLEINE FEINE

EINMACHBUCH

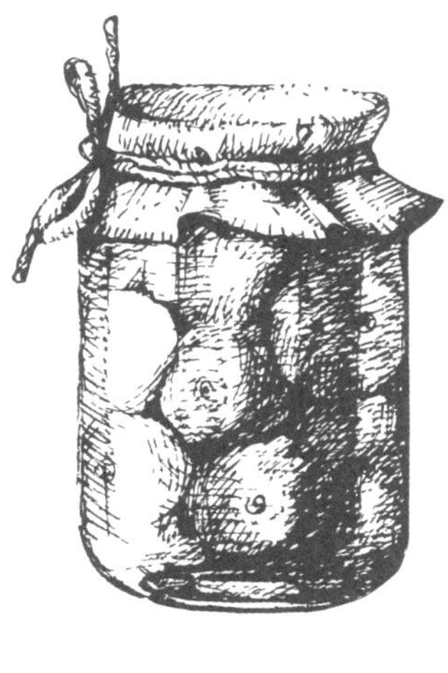

STEPHANIE KOSTEN

DAS KLEINE FEINE EINMACHBUCH

Das Beste aus allen Jahreszeiten im Glas

DK

INHALT

Diese Icons zeigen, wann die Zutaten den besten Reifegrad haben.

Das Einmachglas gibt an, welche Gefäße für das Rezept benötigt werden.

Neben der Uhr steht die Einkochzeit für das Rezept.

Der Kalender zeigt an, wie lange das Eingemachte haltbar ist.

Die Schüssel gibt die Portionsmenge an.

VORWORT

Saisonaler Konsum, also das Leben und der Genuss im Einklang mit den Jahreszeiten, beschäftigt mich bereits, seit ich begonnen habe, mich für die Verarbeitung und Zubereitung von Lebensmitteln zu interessieren. Ich genieße die Obst- und Gemüsesorten, die in meiner Region gerade erntefrisch vom Feld kommen und nur kurze Wege zurücklegen und nicht im Winter aus Spanien oder sogar Südamerika importiert werden.

Die Konsequenz des saisonalen Konsums: Um auch im Winter abwechslungsreich kochen zu können, mache ich bereits im Sommer und Herbst regionales Obst und Gemüse ein. Für mich ist das bereits seit einigen Jahren eine große Leidenschaft! Ich lege und koche ein, trockne und fermentiere und stelle mir so einen reichhaltigen Vorrat zusammen, in dem sich dann für nahezu jede Gelegenheit die passenden Zutaten und sogar komplette Gerichte finden.

In diesem Buch zeige ich Ihnen, dass es keines aufwendigen Equipments bedarf, um Gemüse und Obst zu konservieren und so das ganze Jahr über gefüllte Vorratsregale zu haben. Zudem erfahren Sie, was Sie mit Ihren Schätzen später zubereiten können. Lassen Sie sich von mir mit dem Einkochvirus anstecken und genießen Sie rund ums Jahr selbst gemachte Köstlichkeiten!

Stephanie Kosten

Gegr. 2008

Kleiner Kuriositätenladen

Der Foodblog für kreative Küche und gelingsichere Rezepte

1

EINLEITUNG

ZUTATEN & HYGIENE

DIE QUALITÄT DER ZUTATEN

Die Qualität der Zutaten spielt beim Kochen grundsätzlich eine große Rolle. Besonders wenn es um das Thema Haltbarmachen und Konservieren geht, hängt das spätere Ergebnis aber wesentlich von der Frische und auch der Reife der verarbeiteten Lebensmittel ab. Gerade eingekochte oder fermentierte Lebensmittel verderben leicht, wenn schadhafte Zutaten verarbeitet werden. Eine vorherige Qualitätskontrolle ist deshalb unerlässlich. Ich wähle das Obst und Gemüse immer sehr sorgfältig aus und verarbeite es möglichst zeitnah.

Bei der Fermentation ist die zügige Verarbeitung der Zutaten nicht nur in Bezug auf die Haltbarkeit wichtig – frisches Obst und Gemüse fermentiert schneller und auch deutlich kräftiger als bereits gelagerte Ware.

Für ein Maximum an Aroma und Geschmack achte ich außerdem darauf, für meine Konserven nur wirklich reifes Obst und Gemüse zu verarbeiten. Vor allem bei Konfitüren und Kompott sind reife Früchte entscheidend für den späteren Geschmack.

WICHTIG: AUF HYGIENE ACHTEN

Neben der Qualität der Zutaten spielt für ein optimales Ergebnis die Hygiene bei der Verarbeitung eine entscheidende Rolle. Es ist unerlässlich, dass sowohl das Arbeitsumfeld als auch die verwendeten Utensilien sauber und in einwandfreiem Zustand sind. Bevor ich mit der Verarbeitung der Lebensmittel beginne, reinige ich deshalb immer zunächst die Arbeitsfläche und lege das komplette Equipment bereit. Außerdem überprüfe ich, ob Gläser, Deckel und Einkochringe unbeschädigt sind, und sortiere sie im Zweifelsfall aus.

DIE METHODEN

Zum Haltbarmachen von Lebensmitteln gibt es eine Vielzahl von Möglichkeiten. Ich möchte Ihnen in diesem Buch die Methoden vorstellen, die ich in meiner Küche nutze und die für jeden Hobbykoch einfach und problemlos umzusetzen sind.

TIPP
Ich gebe Flüssigkeiten immer in g und kg an, denn so ist es wesentlich genauer – vor allem wenn man mit Essig und Alkohol konserviert.

EINKOCHEN
Das Einkochen ist für mich die wichtigste Konservierungsmethode. Ich koche nicht nur Konfitüre, Kompott und Gemüse, sondern auch Saucen, Sirup, Fonds und sogar komplette Schmorgerichte ein und spare so wertvollen Platz im Gefrierschrank. Grundsätzlich kann sowohl in einem Topf als auch im Backofen eingekocht werden. Bei festen Pürees, Saucen und Ragouts birgt das Einkochen im Backofen jedoch die Gefahr, dass man nicht hundertprozentig feststellen kann, wann das Einkochgut die notwendige Einkochtemperatur erreicht hat.

FERMENTATION
Ich fermentiere in meiner Küche hauptsächlich Gemüse oder Getränke, aber auch dem Knoblauchhonig (s. S. 86) und vielen Würzsaucen liegt diese Methode zugrunde.

TROCKNEN (DÖRREN)
Das Dörren nutze ich vor allem, um Kräuter, Pilze und Zwiebeln haltbar zu machen. Durch das Trocknen verbleibt in den Lebensmitteln lediglich eine Restfeuchte von bis zu 10 Prozent. Schädlichen Keimen wird so eine wichtige Lebensgrundlage entzogen und sie können sich kaum noch vermehren. Dadurch reduziert sich die Gefahr des Verderbens wesentlich. Gerade bei der Zubereitung von Senf und Saucen, die nicht eingekocht werden, sind getrocknete Kräuter von Vorteil, um dem Verderben vorzubeugen. Viele Lebensmittel, etwa Zwiebeln oder Pilze, profitieren vom Trocknen zusätzlich, denn sie schmecken intensiver und entfalten ein besonderes Aroma. Zum Lagern verwende ich entweder Twist-off-Gläser oder ich vakuumiere meine Schätze. So gelangt keine Luftfeuchtigkeit an das Produkt und das Aroma bleibt lange erhalten.

EINKOCHEN

Beim Einkochen von Lebensmitteln ist es wichtig, einige Punkte zu beachten, um den Erfolg zu gewährleisten.

VORBEREITEN

• Gläser, Deckel und/oder Einkochringe müssen immer in einwandfreiem Zustand sein. Ich kontrolliere sie deshalb auf Beschädigungen wie Sprünge, Rost oder Schadstellen an der Gummierung. Einkochringe dürfen außerdem nicht spröde sein oder Risse aufweisen.

• Sowohl die Gläser als auch die Deckel und Ringe werden vor der Verwendung sterilisiert. Dazu wasche ich die Gläser warm aus, stelle sie mit der Öffnung nach unten auf den mittig eingeschobenen Backofenrost und erhitze sie bei 150 °C Umluft 15 Minuten. Anschließend nehme ich sie mit einem Backofenhandschuh heraus und stelle sie bis zum Befüllen mit der Öffnung nach unten auf ein sauberes Küchentuch. Die Deckel und Gummis werden in einem Topf Wasser mit 1 Schuss Essig etwa 2 Minuten gekocht und dann bis zur Verwendung im heißen Wasser gelassen.

BEFÜLLEN

• Um zu vermeiden, dass das Einkochgut beim Befüllen über den Glasrand läuft, verwende ich dafür Einfülltrichter in unterschiedlichen Größen oder ich befülle die Gläser mithilfe eines Krugs. Nach dem Befüllen reinige ich den Rand der Gläser mit einem sauberen, feuchten Tuch.

• Twist-off-Gläser werden nur bis maximal 2 cm unter dem Rand befüllt, während man Weck-Rundrandgläser direkt bis zur Unterkante des Randes befüllen kann.

EINKOCHEN

• Um das Platzen der Gläser im Topf durch den direkten Kontakt mit dem Topfboden zu vermeiden, stelle ich sie auf ein spezielles Einkochgitter. Wer das nicht hat: Ersetzen Sie es je nach Topfgröße durch ein Kuchengitter oder legen Sie den Topf mit einem Küchentuch aus.

• Alle Gläserarten können im Topf problemlos übereinandergestapelt werden und komplett mit Wasser bedeckt sein. Wichtig ist jedoch, dass die oben stehenden Gläser zu mindestens zwei Dritteln im Wasser stehen und nicht über den Topfrand hinausreichen. Der Topf muss sich mit einem Deckel gut verschließen lassen.

• Die Einkochzeit und -temperatur ist nicht bei jedem Lebensmittel gleich, sondern schwankt je nach Zutat und Rezept erheblich. Es ist deshalb unbedingt notwendig, sich an die angegebenen Zeiten und Temperaturen im Rezept zu halten (s. a. Tabelle S. 10).

• Das Wasser im Einkochtopf muss immer die gleiche Temperatur haben wie das in den Gläsern befindliche Einkochgut, da es sonst zu falschen Einkochzeiten kommen kann.

• Die Einkochzeit beginnt stets erst dann, wenn das in den Topf eingehängte Thermometer die im Rezept angegebene Einkochtemperatur anzeigt.

ABKÜHLEN & AUFBEWAHREN

• Nach der Einkochzeit die Gläser aus dem Topf nehmen und bei Zimmertemperatur auskühlen lassen – sie müssen nicht auf den Kopf gestellt werden. Bei Weck-Rundrandgläsern die Klammern erst entfernen, wenn die Gläser vollständig ausgekühlt sind.

• Nachdem die Gläser abgekühlt sind, reinige ich sie von außen entweder mit einem Tuch oder, falls Flüssigkeit aus einem Glas ausgetreten ist, mit einem Schwamm und lauwarmem Wasser.

• Die Gläser zum Aufbewahren möglichst dunkel und kühl stellen und vor direkter Sonneneinstrahlung schützen.

• Ich überprüfe alle Gläser 2–4 Wochen nach dem Einkochen und entsorge dabei nicht verschlossene Gläser.

Wichtig: Twist-off-Deckel und Einkochringe von Gläsern, die aufgegangen oder sogar verdorben sind, sollten auf keinen Fall wiederverwendet werden!

PROTEINHALTIGES ZWEIMAL ERHITZEN!

Ein aufgegangener Glasdeckel oder die Wölbung eines Twist-off-Deckels nach außen können ebenso wie ein Zischen beim Öffnen einer Konserve auf eine Kontamination mit dem gefährlichen Botulinumtoxin hindeuten. Betroffene Gläser müssen auf jeden Fall entsorgt werden. Botulinumtoxin wird unter Luftausschluss von den hitzeunempfindlichen Sporen des Bakteriums Chlostridium botulinum gebildet. Davon betroffen sind hauptsächlich proteinhaltige Konserven, wie die Grünen Bohnen (s. S. 64) oder die Gemischten Pilze im Gewürzsud (s. S. 80). Aber auch auf schwach saure Frucht- und Gemüsekonserven trifft das zu.

EINKOCHZEITEN UND -TEMPERATUREN

Einkochgut	Temperatur	Einkochzeit
Hülsenfrüchte*	100 °C	2 Stunden
Gemüsepüree	100 °C	2 Stunden
Brühen und Fonds	100 °C	1 Stunde
Gemüseragouts	100 °C	45 Minuten
Sauer eingelegtes Gemüse	100 °C	30 Minuten
Ketchup und Saucen	90 °C	45–60 Minuten
Sirup	90 °C	30 Minuten
Kompott	80 °C	30 Minuten
Konfitüre/Marmelade, 2:1	80 °C	10 Minuten

**Hülsenfrüchte werden aufgrund der erhöhten Gefahr von Botulismus zweimal im Abstand von 48 Stunden eingekocht.*

FERMENTATION

Die Fermentation ist eine der ältesten Methoden, um Lebensmittel haltbar zu machen. Dabei werden Lebensmittel durch die im Verlauf einer Milchsäuregärung entstehende Säure konserviert.
Als Gefäße verwende ich in der Regel Weck-, Bügel- oder auch spezielle Fermentiergläser. Das Gemüse wird portioniert, eingesalzen und fest in das Gefäß gedrückt, sodass keine Luftblasen bleiben. Zum Schluss beschwere ich das Ganze mit einem Teller oder speziellen Gewichten.
So entsteht eine sauerstoffarme Umgebung, in der die Milchsäurebakterien den ebenfalls vorhandenen Fäulnisbakterien und Pilzen überlegen sind und sich schnell vermehren. Das Einsalzen ist ebenfalls entscheidend, denn dadurch wird dem Gemüse Wasser entzogen und das Wachstum nicht erwünschter Bakterien wird verhindert. Milchsäurebakterien besitzen eine hohe Salztoleranz und sind dadurch nicht betroffen.

DIE PHASEN DER FERMENTATION

Phase 1 dauert je nach Umgebungstemperatur und Frische der Zutaten 2–3 Tage. Damit das verwendete Lebensmittel nicht verdirbt, ist es wichtig, dass diese erste Phase möglichst schnell in Gang kommt und die Produktion der Milchsäurebakterien beginnt. Währenddessen sterben die nicht erwünschten Fäulnisbakterien und Pilze ab, der pH-Wert sinkt und das Milieu wird zunehmend saurer.
Phase 2 setzt etwa nach dem dritten Tag ein und dauert, abhängig von den verwendeten Zutaten, 5–20 Tage. Dabei vermehren sich die Milchsäurebakterien weiterhin stark, gleichzeitig entstehen sowohl Essig- und Kohlensäure als auch Alkohol.
Im Anschluss an die aktiven Fermentationsphasen ist oft noch eine **Reifungsphase** nötig, damit sich der typische Geschmack und das Aroma von Sauerkraut und Co. vollständig entwickeln können.

DAS EQUIPMENT

Das Angebot an Einkochzubehör ist riesig, tatsächlich ist ein Großteil dieser Ausstattung aber gar nicht notwendig oder lässt sich durch haushaltsübliche Gerätschaften ersetzen. Welches Zubehör ich verwende und welches ersetzbar oder sogar verzichtbar ist, zeige ich hier.

GLÄSER UND FLASCHEN

Rundrandgläser der Firma Weck werden durch ein Einkochgummi und zwei Klammern verschlossen. Nachdem sich während des Einkochens das Vakuum aufgebaut hat und anschließend die Gläser abgekühlt sind, werden die Klammern entfernt.

Bügelgläser und **-flaschen** sind ähnlich wie Weck-Gläser aufgebaut, der Deckel ist jedoch nicht nach innen gebogen und die Gläser werden durch die vorhandenen Bügel statt mit Klammern verschlossen.

Twist-off-Gläser und **-Flaschen** werden mit einem Schraubdeckel aus Metall verschlossen. Man sollte je nach Einkochgut darauf achten, dass die verwendeten Deckel zur Pasteurisierung (bis 100 °C) und/oder für fetthaltige Füllungen geeignet sind. Durch das »Ploppen« beim Öffnen ist zu erkennen, ob sich ein Vakuum gebildet hat.

Mason Jars haben wie Twist-off-Gläser einen Metalldeckel, der meist aus zwei Teilen besteht: einer runden Scheibe und dem Schraubring. Einteilige Mason-Jar-Deckel werden wie Twist-off-Deckel verwendet, bei den zweiteiligen wird der Schraubring entfernt, sobald das Einkochgut vollständig abgekühlt ist, um das Rosten der Scheibe durch eventuell vorhandene Feuchtigkeit zu vermeiden. Die Einkochscheiben sind zum einmaligen Gebrauch vorgesehen und müssen jedes Mal ersetzt werden.

Fermentationsgläser oder -krüge sind zur gelegentlichen Fermentation nicht zwangsläufig notwendig, alternativ eignen sich auch große Weck-Gläser. Wichtig ist, dass sich der Deckel locker auflegen lässt, wie bei Rundrandgläsern von Weck oder Bügelgläsern. Ich verwende je nach verarbeiteter Menge gerne große Mason Jars, für die es spezielle Deckel mit Überlauf gibt. Außerdem habe ich mir Glasgewichte angeschafft, die das fermentierende Gemüse beschweren und so unter die Flüssigkeitsoberfläche drücken.

EINFÜLLTRICHTER ODER EMAILLEKRÜGE
Um die Glasränder sauber zu halten, verwende ich zum Befüllen der Gläser Einfülltrichter in verschiedenen Größen oder Krüge mit Ausgießer (s. Bild oben).

EINKOCHTOPF/-AUTOMAT ODER TOPF
Einkochtöpfe und -automaten sind mit ihrem Volumen von 28–32 l für große Mengen ausgelegt. Da ich häufig kleine Mengen einkoche, greife ich zu normalen Kochtöpfen und kann problemlos auch nur drei oder vier Gläser einkochen.

EINLEGE- ODER KUCHENGITTER
Um den direkten Kontakt der Gläser und Flaschen mit dem heißen Topfboden zu vermeiden, gibt es Einlegegitter aus Kunststoff. Da diese aber nicht in alle Töpfe passen, verwende ich vor allem passende Kuchengitter oder lege den Topf einfach mit einem Küchenhandtuch aus.

THERMOMETER
Ich nutze ein Kerntemperaturthermometer mit einer Sonde, die man einfach in den Topf hängen kann (im mittleren Bild hinten). Alternativ eignet sich auch ein einfaches Zuckerthermometer, das in den Topf gestellt und zum Ablesen an einer Schnur hochgezogen wird (im mittleren Bild vorne).

GLASHEBER ODER SILIKONHANDSCHUH
Zum Herausheben der Gläser aus dem Topf gibt es spezielle Glasheber. Ich verwende aber einen wasserdichten Silikon-Backofenhandschuh, mit dem ich sogar kurz in das heiße Wasser fassen kann (im unteren Bild).

TIPP

Für eine schnelle und einfach wieder zu entfernende Beschriftung verwende ich weiße und dunkle Lackstifte, die sich später beim Reinigen der leeren Gläser einfach mit einer Edelstahlspirale wieder entfernen lassen.

2

GRUNDZUTATEN

GANZJÄHRIG · GANZJÄHRIG ·

GETROCKNETE KRÄUTER, PILZE, ZWIEBELN UND KNOBLAUCHFLAKES

Neben dem Einkochen, Einlegen und Fermentieren gehört das Dörren zu meinen bevorzugten Methoden, um saisonale Lebensmittel haltbar zu machen. Ich trockne zwar auch Obst und Gemüse, hauptsächlich nutze ich meinen Dörrautomaten aber, um Grundzutaten wie Kräuter, Pilze, Zwiebeln und Knoblauch haltbar zu machen.

Da ich relativ große Mengen verarbeite, habe ich mir einen Dörrautomaten angeschafft, ein Backofen ist zum gelegentlichen Trocknen aber ebenso geeignet. Wenn Sie im Backofen dörren, klemmen Sie einfach einen Kochlöffel zwischen die Tür und den Innenraum des Backofens, damit die Feuchtigkeit optimal entweichen kann.

Besondere Aufmerksamkeit hat das Dörren von Lebensmitteln durch die Rohkosternährung erfahren. Für Rohkostqualität wird darauf geachtet, dass Lebensmittel unter 40 °C getrocknet werden, um ein Maximum an Nährstoffen zu bewahren. Ich trockne überwiegend Lebensmittel, die ich anschließend noch zum Kochen und Backen verwende. Der Nährstoffgehalt spielt für mich daher eine untergeordnete Rolle. Ich trockne die Lebensmittel bei der Temperatur, mit der ich das schmackhafteste Ergebnis erziele – das bedeutet nicht zwangsläufig immer eine niedrige Temperatur.

KRÄUTER

Kräuter sind sehr empfindlich und sollten bei entsprechend geringer Temperatur gedörrt werden, da sonst zu viel Aroma verlorengeht. Hier halte ich tatsächlich die Rohkosttemperatur ein und trockne ausschließlich bei einer Temperatur bis maximal 40 °C. Wichtig ist, dass Sie die Kräuter nach dem Waschen besonders gut trocken schleudern und gleichmäßig auf dem Einschub oder Backblech ausbreiten. Ich drehe den Einschub während des Trockenvorgangs mindestens einmal um, da sowohl Backöfen als auch Dörrautomaten oft ungleichmäßig heizen.

PILZE

Ganz wichtig für meine Vorratshaltung sind getrocknete Pilze, die ich entweder im Ganzen oder in Scheiben dörre und anschließend teilweise noch mahle, um sie später als Pulver zu verwenden. Getrocknete Champignons, Steinpilze und Pfifferlinge habe ich immer auf Lager, da sie vielseitig verwendbar sind. Champignons verwende ich gerne für Suppen und Fonds, Steinpilze und Pfifferlinge eignen sich getrocknet hervorragend für Pastasaucen, Kartoffelpüree oder Risotti. Steinpilze mahle ich darüber hinaus noch teilweise und schmecke mit dem Pulver zum

Beispiel Saucen oder Schmorgerichte ab. Ich bereite die Pilze zum Trocknen vor, indem ich sie vorsichtig mit einem trockenen Tuch oder einer weichen Bürste von Erde und anderen Anhaftungen befreie und sie dann entweder im Ganzen (Pfifferlinge) oder in Scheiben (Champignons, Steinpilze) nebeneinander auf die Trockeneinschübe lege. Bei 45–50 °C trockne ich sie komplett durch. Anschließend bewahre ich die Pilze lichtgeschützt in Gläsern auf.

ZWIEBELN & KNOBLAUCH

Auch gedörrte Zwiebeln und Knoblauch sind aus meinem Küchenalltag mittlerweile nicht mehr wegzudenkende Grundzutaten, die ich nahezu täglich verarbeite. Ich dörre sowohl die Zwiebeln als auch den Knoblauch bei der Maximaltemperatur, die mein Dörrautomat anbietet, also 68 °C. Im Gegensatz zu Kräutern und Pilzen bekommt die hohe Temperatur sowohl Zwiebeln als auch Knoblauch sehr gut. Beide Lebensmittel erhalten durch das Trocknen eine leicht süßliche Note, ähnlich Röstzwiebeln. Vor dem Dörren schäle ich den Knoblauch und die Zwiebeln und hoble beides mit einem Gemüsehobel in möglichst dünne Scheiben beziehungsweise Ringe. Die Dörrzwiebeln und Knoblauchflakes verwende ich beispielsweise in Suppen, Schmor- und Wokgerichten. Die Zwiebeln weichen sehr schnell wieder auf, während der Knoblauch aufgrund der Festigkeit etwas länger braucht. Je nach Verwendung sollte man die Knoblauchflakes in etwas warmem Wasser einweichen, dann sehen sie nach etwa 15 Minuten aus wie frisch in Scheiben geschnitten.

Auch zerrieben beziehungsweise zerstoßen und gemahlen kommen Dörrzwiebeln und -knoblauch bei mir oft zum Einsatz. Mit Zwiebel- und Knoblauchpulver würze ich gerne das Paniermehl und die Eiermischung für Panaden, aber auch herzhafte Pfannkuchen- und Waffelteige oder Brotaufstriche – im Prinzip alle Gerichte, in denen Knoblauch- und Zwiebelstücke stören.

Eine dritte Einsatzmöglichkeit sind selbstgemachte Gewürzmischungen. Dafür zerstoße ich die Zwiebeln und den Knoblauch ein wenig im Mörser, damit sich beides besser in die Gewürzmühlen einfüllen lässt. Damit lassen sich die wunderbarsten Gewürzmischungen zusammenstellen, der Fantasie sind hier keine Grenzen gesetzt. Zum Würzen von Fisch- und Geflügelgerichten befülle ich eine Gewürzmühle zum Beispiel mit einem Zitronen-Würzsalz (s. Tipp).

KOMBITIPP

Für Zitronen-Würzsalz 85 g grobes Meersalz, 5 g rosa Pfefferkörner, 3 g Lemon Myrtle, 1 g Knoblauchflakes, 2 g Dörrzwiebel (zerstoßen), 2 g getrockneten Thymian und 3 g getrocknete Zitronenschale mischen.

GANZJÄHRIG · GANZJÄHRIG

GEMÜSEBRÜHE

Gemüsebrühe ist im Vergleich zu anderen Brühen und Fonds sehr günstig in der Herstellung und je nach Jahreszeit und vorhandenem Gemüse individuell abwandelbar. Im Sommer füge ich gerne reife Tomaten und frische Kräuter hinzu, während ich im Winter eher saisonales Wurzel- und Knollengemüse und natürlich Lagerware verwende. Wenn eine der im Rezept aufgeführten Gemüsesorten gerade nicht verfügbar ist, ersetzen Sie sie einfach durch eine andere saisonale.

4 Flaschen (à etwa 500 ml)

1 Std. Kochen + 1 Std. Einkochen

mindestens 6 Monate

1 Lauchstange
400 g Knollensellerie
4 Karotten
2 Petersilienwurzeln
1 Fenchelknolle
2 Zwiebeln
etwa 1 EL Rapsöl zum Anschwitzen
1 Bund glatte Petersilie
2 Lorbeerblätter
½ TL gelbe Senfsamen
4 Pimentkörner
1 TL schwarze Pfefferkörner
1 EL grobes Meersalz

1 – Das Gemüse waschen und gründlich putzen. Sellerie, Karotten und Petersilienwurzeln schälen. Das Gemüse bis auf die Zwiebeln in grobe Stücke schneiden. Die Zwiebeln quer halbieren, aber nicht schälen. Die Zwiebelhälften mit der Schnittfläche nach unten in einer Pfanne trocken anrösten, bis sie kräftig geschwärzt sind.

2 – Inzwischen das übrige Gemüse in einem großen Topf in Öl bei mittlerer Hitze mehrere Minuten farblos andünsten. Währenddessen die Petersilie waschen. Die angerösteten Zwiebeln mit den Gewürzen und der Petersilie zum Gemüse in den Topf geben. 2,5 kg Wasser angießen, alles einmal aufkochen und dann mit geschlossenem Deckel etwa 1 Stunde bei niedriger Hitze köcheln lassen.

3 – Das Gemüse mit einer Siebkelle aus dem Topf nehmen. Ein Sieb in eine Schüssel hängen und mit einem Mulltuch auslegen. Die Brühe durch das Tuch in die Schüssel gießen. Die aufgefangene Brühe in sterilisierte Flaschen füllen und 1 Stunde bei 100 °C einkochen (s. S. 9–10).

TIPP

Ich friere Gemüse- und Kräuterreste ein und sammle sie als Grundlage für eine aromatische Gemüsebrühe.

GANZJÄHRIG · GANZJÄHRIG ·

RINDERFOND

8 Gläser (à etwa 350 ml)

20 Std. Kochen und Kühlen + 1 Std. Einkochen

mindestens 6 Monate

2 kg Fleisch- und Markknochen
neutrales Öl zum Einreiben & Beträufeln
2 Zwiebeln
½ Lauchstange
250 g Karotten
250 g Knollensellerie
1 Petersilienwurzel
500 g Rotwein
½ Bund Petersilie
2 Lorbeerblätter
5 Zweige Thymian
10 schwarze Pfefferkörner
5 Wacholderbeeren

1 – Den Backofen auf 200 °C vorheizen. Die Knochen unter fließendem kaltem Wasser waschen, dann mit Küchenpapier trocken tupfen, dünn mit Öl einreiben und nebeneinander auf ein Backblech legen. Die Knochen im Ofen (Mitte) anrösten, bis sie rundherum kräftig gebräunt sind. Dabei zwischendurch einmal wenden.

2 – In der Zwischenzeit das Gemüse waschen und gründlich putzen. Karotten, Sellerie und Petersilienwurzel schälen. Das Gemüse bis auf die Zwiebeln in grobe Stücke schneiden. Die Zwiebeln quer halbieren, aber nicht schälen. Sobald die Knochen rundherum kräftig angeröstet sind, diese in einen großen Topf umfüllen und das ausgetretene Fett abgießen.

3 – Die Gemüsestücke auf dem Blech verteilen und mit etwas Öl beträufeln, die Zwiebelhälften mit der Schnittfläche nach oben darauflegen. Das Gemüse anrösten, bis es gleichmäßig gebräunt ist. Dann nach und nach den Wein angießen und alles weitergaren, bis die Flüssigkeit verdampft ist.

4 – Das Gemüse zu den Knochen in den Topf geben, dabei auch den Bratensatz vom Blech lösen und hinzufügen. Die Petersilie waschen und mit den Gewürzen in den Topf geben. 3,5 kg Wasser angießen und alles mit geöffnetem Deckel bei schwacher Hitze mindestens 8 Stunden köcheln lassen. Die Knochen und das Gemüse mit einer Schöpfkelle entfernen. Den Fond durch ein mit einem Mulltuch ausgelegtes Sieb in einen Topf gießen und etwa 12 Stunden kalt stellen, am besten über Nacht.

5 – Am nächsten Tag die erstarrte Fettschicht abheben, nur einen kleinen Rest zurücklassen. Den Fond erneut zum Kochen bringen, in sterilisierte Gläser füllen und 1 Stunde bei 100 °C einkochen (s. S. 9–10).

TIPP

Kochen Sie Rinderfond in unterschiedlich großen Gläsern ein, so haben Sie immer die richtige Menge für eine Sauce oder ein Schmorgericht.

GANZJÄHRIG · GANZJÄHRIG ·

FISCHFOND

5 Gläser (à etwa 400 ml)

30 Min. Kochen + 1 Std. Einkochen

mindestens 6 Monate

2 kg Fischkarkassen
1 Zwiebel
1 Karotte
1 Fenchelknolle
100 g Knollensellerie
1 Lauchstange
50 g Champignons
1 Tomate
1 EL Butter
50 ml Wermut
250 ml trockener Weißwein
2 Lorbeerblätter
4 Zweige Thymian
1 TL schwarze Pfefferkörner

1 – Die Kiemen mit einer Schere aus den Fischkarkassen entfernen und die Karkassen unter fließendem kaltem Wasser sehr gründlich waschen. Das Gemüse waschen und gründlich putzen, Karotte und Sellerie schälen, das Gemüse in Würfel schneiden.

2 – Das Gemüse (außer der Tomate) in einem großen Topf in der Butter rundherum bei mittlerer Hitze anschwitzen, dann mit Wermut und Weißwein ablöschen. 2 kg kaltes Wasser angießen, die Karkassen, Tomate und Gewürze hinzufügen. Alles zum Kochen bringen und bei schwacher Hitze 30 Minuten nur leicht köcheln lassen – der Fond soll auf keinen Fall stark kochen.

3 – Den Fond durch ein feines Sieb gießen, dabei die Karkassen nicht ausdrücken. Dann den Fond in sterilisierte Gläser füllen und 1 Stunde bei 100 °C einkochen (s. S. 9–10).

TIPP

Fragen Sie Ihren Fischhändler des Vertrauens nach Karkassen, in vielen Fällen gibt er sie Ihnen umsonst mit.

GANZJÄHRIG

HÜHNERBRÜHE

Eine hausgemachte Hühnerbrühe darf in meinem Vorratsregal auf keinen Fall fehlen, denn sie schmeckt nicht nur ausgezeichnet, sondern wirkt auch bei Erkältungen und ist die Basis für köstliche Ragouts, Frikassees und Saucen.

4 Flaschen (à etwa 500 ml)
1 Std. 30 Min. Kochen + 1 Std. Einkochen
mindestens 6 Monate

1 Suppenhuhn
1 Petersilienwurzel
1 Karotte
100 g Knollensellerie
1 kleine Lauchstange
1 Zwiebel
1 Bund Petersilie
1 TL schwarze Pfefferkörner
1 TL Salz

1 – Das Suppenhuhn je nach Topfgröße grob zerteilen oder im Ganzen verarbeiten. Das Gemüse waschen und putzen. Petersilienwurzel, Karotte und Sellerie schälen. Das Gemüse bis auf die Zwiebel in grobe Stücke schneiden. Die Zwiebel quer halbieren, aber nicht schälen. Die Hälften mit der Schnittfläche nach unten in einer Pfanne trocken anrösten, bis sie kräftig geschwärzt sind. Die Petersilie waschen.

2 – Das Suppenhuhn mit allen übrigen vorbereiteten Zutaten, Pfefferkörnern und Salz in einen großen Topf geben. Etwa 2 kg kaltes Wasser angießen, sodass alle Zutaten gut bedeckt sind. Alles einmal aufkochen und dann mit geschlossenem Deckel bei schwacher Hitze 1 Stunde 30 Minuten köcheln lassen.

3 – Das Huhn und das Gemüse mit einem Schöpflöffel aus dem Topf nehmen. Die Brühe durch ein sehr feines Sieb oder ein Mulltuch in eine Schüssel gießen. Dann in sterilisierte Flaschen füllen und 1 Stunde bei 100 °C einkochen (s. S. 9–10).

TIPP

Ich werfe das ausgekochte Hühnerfleisch nicht weg, sondern bereite daraus ein leckeres Hühnerfrikassee oder einen Hähnchensalat zu.

GANZJÄHRIG · GANZJÄHRIG ·

GEMÜSEBRÜHPULVER

In meine Küche kommt kein Brühwürfel oder Suppengewürz, sondern ich verwende schon seit vielen Jahren dieses Pulver, das mittlerweile zu einem meiner Allroundgewürze geworden ist. Ich rühre daraus beispielsweise eine schnelle Instantbrühe für Risotto an, wenn gerade keine Gemüsebrühe vorrätig ist, und verwende das Pulver auch als Würzmittel für Eintöpfe, Schmorgerichte und sogar Brotaufstriche und Saucen. Es verleiht jedem Gericht eine wunderbare Gemüsenote. Im Gegensatz zu den meisten im Handel erhältlichen Pulvern enthält dieses kein Salz und lässt sich dadurch ganz unabhängig von der Salzwürze dosieren.

1 Glas (etwa 250 ml)
etwa 12 Std. Dörren
etwa 6 Monate

½ Sellerieknolle (nach Belieben mit Grün)
2 Karotten
1 Fenchelknolle
1 Petersilienwurzel
1 Lauchstange
2 Zwiebeln
1 großes Bund glatte Petersilie

1 – Das Gemüse waschen, putzen und je nach Sorte schälen. Sellerie, Karotten, Fenchel und Petersilienwurzel mit der Gemüsereibe grob reiben. Das geraspelte Gemüse kräftig mit den Händen ausdrücken, dann auf den Einschüben eines Dörrgerätes oder zwei Backblechen verteilen. Zwiebeln und Lauch mit dem Messer oder Gemüsehobel in sehr feine Scheiben schneiden und ebenfalls auf einem Einschub oder Blech verteilen.

2 – Das Gemüse 6 Stunden bei 60 °C dörren. Wird im Backofen gedörrt, einen Kochlöffel zwischen Ofentür und -innenraum klemmen, damit die Feuchtigkeit entweichen kann.

3 – Die Petersilie und, falls vorhanden, das Selleriegrün waschen, gut trocken schleudern und in feine Streifen schneiden. Die Streifen in den Dörrautomaten oder Ofen geben und alles weitere 6 Stunden bei 50 °C dörren.

4 – Das getrocknete Gemüse und die Kräuter herausnehmen und abkühlen lassen, dann im Mixer möglichst fein mahlen. Das Pulver in einem dicht schließenden Glas lagern.

TIPP

Um das Aroma des Pulvers länger zu bewahren, vakuumiere ich es portioniert ein.

HERBST · HERBST ·

CONFIERTER KNOBLAUCH

Confierter Knoblauch ist mit Sicherheit die wichtigste hausgemachte Zutat in meinem Vorratsregal, denn ich vertrage rohen Knoblauch nicht, liebe aber das Aroma von gebackenem Knoblauch. Durch das Confieren verliert er die typische Schärfe des rohen Knoblauchs und entwickelt eine angenehme Süße. Er wird butterweich und lässt sich, mit einer Gabel zerdrückt, hervorragend in Dressings und Aufstrichen verarbeiten und sogar auf einem knusprigen Brot verstreichen.

5 Gläser (à etwa 200 ml)
1 Std. 30 Min. Confieren
etwa 1 Jahr

1 kg Knoblauchknollen
etwa 700 ml Raps- oder Sonnenblumenöl

1 – Die Knoblauchknollen in einzelne Zehen teilen und diese schälen, eventuell vorhandene Schadstellen wegschneiden. Die Zehen fest in sterilisierte Gläser drücken. So viel Öl angießen, dass die Knoblauchzehen gerade eben bedeckt sind.

2 – Die Gläser verschließen und den Knoblauch 1 Stunde 30 Minuten bei 90 °C einkochen (s. S. 9–10). Der Knoblauch wird beim Einkochen gleichzeitig im Öl confiert.

TIPP
Um die Temperatur exakt zu halten, verwende ich in diesem Fall meinen Sous-Vide-Stick.

HERBST · HERBST ·

KÜRBISPÜREE

Kürbispüree ist eine sehr vielseitige Grundzutat, die sich zur Zubereitung von süßen, aber auch herzhaften Rezepten eignet. Ich bereite daraus ganzjährig aromatische Risotti, Brotaufstriche, Hefebrote oder süße Tartes zu. Das Püree ist auch eine hervorragende Basis für eine schnelle Kürbissuppe: Verdünnt mit etwas Gemüsebrühe und Sahne und abgeschmeckt mit confiertem Knoblauch steht so in wenigen Minuten eine aromatische Kürbiscremesuppe auf dem Tisch.

3 Gläser (à etwa 400 ml)

30 Min. Dämpfen + 2 Std. Einkochen

etwa 6 Monate

1,3 kg Hokkaidokürbis
Dämpfkorb

1 – Den Kürbis gründlich waschen und halbieren, die Kerne mit einem großen Löffel herausschaben. Den Kürbis erst in Scheiben, dann in grobe Würfel schneiden. Die Kürbiswürfel in einem Dämpfkorb verteilen.

2 – So viel Wasser in einen Topf geben, dass der Dämpfkorb noch nicht im Wasser steht. Dann den Dämpfkorb einsetzen und den Kürbis etwa 30 Minuten garen, bis er ganz weich ist.

3 – Den Kürbis im Mixer fein pürieren. Das Kürbispüree in sterilisierte Gläser füllen und 2 Stunden bei 100 °C einkochen (s. S. 9–10).

KOMBITIPP

Zusammen mit der Passata aus ofengerösteten Tomaten (s. S. 130) wird aus diesem Püree eine herrlich fruchtige Suppe!

TORTELLINI
MIT KÜRBIS-RICOTTA-FÜLLUNG

Ich bereite schon seit vielen Jahren mit großer Leidenschaft frische Nudeln zu. Besonders gefüllte Pasta hat es mir angetan, denn bei der Auswahl der Füllungen sind der Fantasie keine Grenzen gesetzt. Eine meiner Lieblingsfüllungen ist diese Kombination aus Kürbis und Ricotta, die nicht nur im Herbst, sondern auch im Sommer wunderbar schmeckt.

4 Portionen

Für den Nudelteig
250 g Mehl
50 g Hartweizenmehl
1 Prise Salz
3 Eigelb

Für die Füllung
250 g Ricotta, über Nacht in einem Sieb abgetropft
150 g Kürbispüree (s. S. 30)
50 g Parmesan, sehr fein gerieben
Salz
frisch gemahlener schwarzer Pfeffer
frisch geriebene Muskatnuss

Außerdem
100 g Butter
einige frische Salbeiblätter
50 g Parmesan, frisch gerieben
grob gemahlener Pfeffer

1 – Für den Teig beide Mehlsorten mit dem Salz in einer Küchenmaschine oder Schüssel mischen. Die Eigelbe hinzufügen und alles zu einem glatten Teig verkneten. Den Teig in einen Gefrierbeutel geben und mindestens 30 Minuten ruhen lassen. Inzwischen für die Füllung Ricotta, Kürbispüree und Parmesan gut verrühren, mit Salz, Pfeffer und Muskat würzen und in einen Spritzbeutel füllen.

2 – Den Teig durchkneten und mit der Nudelmaschine nach und nach zu dünnen Teigplatten ausrollen. Aus den gut bemehlten Teigplatten mit einem Glas oder Ausstecher runde Kreise von etwa 8 cm Ø ausstechen. Auf jeden Teigkreis jeweils mittig einen Tupfen Füllung setzen. Den Teigrand leicht befeuchten, dann den Teigkreis mittig zusammenklappen und den Rand festdrücken. Die gefüllte Nudel einmal um den Zeigefinger wickeln und die Enden zusammendrücken. Fertige Tortellini auf ein bemehltes Backblech legen. In einem großen Topf reichlich Salzwasser zum Kochen bringen.

3 – Inzwischen die Butter in einer Pfanne aufschäumen. Salbei hinzufügen und köcheln, bis er knusprig und die Butter leicht gebräunt ist. Nudeln im schwach köchelnden Salzwasser 2–3 Minuten garen. Mit einer Schaumkelle herausheben und tropfnass mit der Butter mischen. Mit Parmesan und grob gemahlenem Pfeffer auf Tellern anrichten.

KOMBITIPP

Probieren Sie die Tortellini auch einmal mit einer Tomatensauce aus ofengerösteten Tomaten (s.S. 130).

GANZJÄHRIG · GANZJÄHRIG ·

ZITRUSEXTRAKT

1 Flasche (etwa 200 ml)
4 Wochen Ruhen
unbegrenzt

4 Bio-Zitronen
100 g 96%iger Alkohol (aus dem Spirituosenhandel oder der Apotheke)

1 – Die Zitronen heiß waschen und trocken reiben. Schale mit einem Sparschäler sehr dünn abschälen, sodass möglichst wenig Weißes daranbleibt. Zitronenschale mit dem Alkohol in ein verschließbares Gefäß geben und 4 Wochen ziehen lassen, währenddessen ab und zu schütteln.

2 – Den Extrakt durch ein feines Sieb gießen und mit 125 g Wasser verdünnen. Zitrusextrakt in die saubere Flasche füllen und möglichst lichtgeschützt aufbewahren.

GANZJÄHRIG · GANZJÄHRIG ·

VANILLEEXTRAKT

1 Flasche (etwa 250 ml)
2 Wochen Ruhen
unbegrenzt

25 g möglichst frische Vanilleschoten
125 g 96%iger Alkohol (aus dem Spirituosenhandel oder der Apotheke)
2 Kaffeefilter

1 – Die Vanilleschoten im Mixer möglichst fein zerkleinern. In ein sauberes, verschließbares Gefäß geben, mit Alkohol aufgießen und etwa 2 Wochen bei Zimmertemperatur ziehen lassen. Der Alkohol löst die Aromastoffe aus der Vanille. Dieser Prozess heißt Mazeration. Währenddessen die Mischung im Gefäß regelmäßig schütteln.

2 – Den Kaffeefilter mit etwas Wasser tränken, damit sich der Filter nicht mit dem Extrakt vollsaugt. Den Extrakt durch den Filter in ein Gefäß gießen.

3 – Den im Filter verbliebenen Bodensatz mit 150 g kochendem Wasser in eine Schüssel geben. Vollständig abkühlen lassen, dann durch einen mit Wasser getränkten Kaffeefilter zum Vanilleextrakt geben. Den Extrakt in eine saubere Flasche füllen und lichtgeschützt aufbewahren.

KOMBITIPP

Die Extrakte eignen sich gut zum Aromatisieren von Gebäck. Schon 1–2 TL genügen, um einem Kuchen ein angenehmes Aroma zu verleihen.

3

EINGEKOCHTES

FRÜHLING · FRÜHLING ·

WEISSER SPARGEL

Spargel gibt es zwar mittlerweile das ganze Jahr über in der Gemüseabteilung der Supermärkte, außerhalb der hiesigen Saison legt er aber eine Reise um den halben Globus zurück. Ich genieße die Spargelsaison in vollen Zügen und koche mir für den Spargeljieper im Winter einige Gläser ein, mit denen ich entweder ein Frikassee oder Risotto zubereite oder auch eine schnelle Suppe koche (s. S. 40). Der Spargel ist zwar etwas weicher als frisch gekocht, er eignet sich für meine Zwecke aber trotzdem hervorragend.

4 Gläser (à etwa 300 ml)
20 Min. Kochen + 2 Std. Einkochen
mindestens 6 Monate

1 kg weißer Spargel
Salz
Zucker

1 – Den Spargel waschen und gründlich schälen, die holzigen Enden abschneiden.

2 – Die Schalen und Endstücke in einem Topf mit Wasser bedecken und mit Salz und 1 kräftigen Prise Zucker würzen. Alles zum Kochen bringen und die Spargelschalen bei mittlerer Hitze 20 Minuten auskochen. Den Sud vollständig abkühlen lassen.

3 – Inzwischen den Spargel in Stücke schneiden und fest in sterilisierte Gläser füllen. Mit Schalenkochwasser auffüllen, verschließen und 2 Stunden bei 100 °C einkochen (s. S. 9–10).

TIPP

Wenn der Spargel klassisch serviert werden soll, erwärmen Sie das Glas in einem Wasserbad. So schmeckt er fast wie frisch gekocht.

MEDITERRANER GRÜNER SPARGEL

4 Zylindergläser (à etwa 1 l)
10 Min. Ziehen + 30 Min. Einkochen
mindestens 6 Monate

1,2 kg grüner Spargel

Pro Glas
1 TL rosa Pfefferbeeren
½ TL schwarze Pfefferkörner
Schale von ½ Bio-Zitrone
½ Knoblauchzehe, geschält und in Scheiben geschnitten
1 Lorbeerblatt
½ Zweig Rosmarin, gewaschen
3 Zweige Thymian, gewaschen
¼ rote Zwiebel, geschält und in Streifen geschnitten

Für den Sud (für alle Gläser)
225 g Weißweinessig
40 g Zucker
15 g Salz

1 – Spargel waschen, holzige Enden abschneiden. Stangen auf Länge der Gläser zuschneiden, dann in einer Schüssel mit kochendem Wasser bedecken, 10 Minuten ziehen lassen.

2 – Wasser abgießen und auffangen. Den Spargel in die Gläser verteilen, dabei jeweils Gewürze, Kräuter, Knoblauch und Zwiebel dazugeben. Für den Sud 750 g Spargelwasser mit Essig, Zucker und Salz in einem Topf aufkochen und köcheln lassen, bis sich Zucker und Salz vollständig aufgelöst haben.

3 – Den Spargel mit dem Sud aufgießen. Die Gläser verschließen und den Spargel 30 Minuten bei 100 °C einkochen (s. S. 9–10).

SPARGELSUPPE

Die wahrscheinlich schnellste Spargelsuppe lässt sich ganz bequem aus eingekochtem Spargel zubereiten. Die Gläser enthalten sowohl den Spargel als auch das Spargelwasser, das als Basis für die Suppe dient. In gerade einmal 20 Minuten steht so eine cremige Suppe auf dem Tisch, die ganz nach Geschmack verfeinert werden kann.

4 Portionen

Für das Kresseöl
1 Beet Kresse
70 ml Rapsöl

Für die Suppe
30 g Butter
30 g Mehl
400 g Spargelwasser (von eingekochtem Spargel, s. S. 38)
400 g Gemüsebrühe (s. S. 20)
1 Streifen Bio-Zitronenschale
600 g eingekochter weißer Spargel (s. S. 38)
200 g Sahne
Salz
frisch gemahlener weißer Pfeffer
1 Spritzer Zitronensaft

1 – Für das Kresseöl die Kresse vom Beet schneiden und mit dem Öl in einen hohen Becher geben. Alles mit dem Stabmixer möglichst glatt pürieren, dann durch ein feines Sieb gießen und beiseitestellen.

2 – Für die Suppe die Butter in einem Topf aufschäumen. Das Mehl hinzufügen und mit einem Schneebesen gut verrühren, bis keine Klümpchen mehr vorhanden sind.

3 – Den Topf von der Herdplatte ziehen. Das Spargelwasser und die Gemüsebrühe angießen und alles glatt rühren. Die Zitronenschale hinzufügen und alles bei mittlerer Hitze einige Minuten köcheln lassen.

4 – Inzwischen von den Spargelstangen 100 g Spitzen als Einlage abschneiden und beiseitestellen. Restlichen Spargel sowie die Sahne zur Brühe geben, die Zitronenschale entfernen. Die Suppe mit einem Stabmixer glatt pürieren. Mit Salz, Pfeffer und Zitronensaft würzen. Die Spargelspitzen direkt vor dem Servieren hinzufügen. Die Suppe auf Teller oder in Schalen verteilen und mit einigen Tropfen Kresseöl servieren.

TIPP

Zu festlichen Anlässen serviere ich diese Suppe mit Krabbenfleisch oder Lachstatar.

SOMMER · SOMMER ·

INGWERKAROTTEN

Karotten behalten auch nach dem Einkochen noch einen sehr angenehmen Biss und eignen sich daher für diese Konservierungsmethode besonders gut. Diese Ingwerkarotten sind unverzichtbar für eine sommerliche Antipastiplatte, schmecken aber auch sehr gut im Salat.

4 Gläser (à etwa 350 ml)

30 Min. Einkochen

mindestens 6 Monate

700 g Karotten (mit frischem Grün)

Pro Glas

3 Scheiben Ingwer

¼ Knoblauchzehe, geschält und in Scheiben geschnitten

1 Sternanis

Für den Sud (für alle Gläser)

450 g Reisessig

150 g Rohrohrzucker

10 g Salz

1 – Die Karotten waschen und putzen, dabei 12 Stängel frisches Grün beiseitelegen. Die Karotten in dünne Scheiben schneiden. Karottenscheiben und -grün mit Ingwer, Knoblauch und Sternanis in sterilisierte Gläser schichten.

2 – Für den Sud alle Zutaten mit 350 g Wasser in einem Topf aufkochen und bei mittlerer Hitze köcheln lassen, bis sich der Zucker und das Salz vollständig aufgelöst haben. Den Sud abkühlen lassen.

3 – Die Karotten mit dem Sud aufgießen. Die Gläser verschließen und die Karotten 30 Minuten bei 90 °C einkochen (s. S. 9–10).

KOMBITIPP

Genießen Sie die Kohlrabisticks anstelle von Essiggurken auf einem saftigen Burger!

PIKANTE KOHLRABISTICKS

4 Gläser (à etwa 500 ml)
30 Min. Einkochen
mindestens 6 Monate

1 kg Kohlrabi

Pro Glas
½ TL gelbe Senfsamen
¼ TL dunkle Senfsamen
½ TL Korianderkörner
¼ TL Selleriesamen
1 Streifen Bio-Zitronenschale
½ Knoblauchzehe, geschält und in Scheiben geschnitten
1 Lorbeerblatt
2 dünne Scheiben Ingwer
einige Stiele glatte Petersilie, gewaschen

Für den Sud (für alle Gläser)
250 g Cidreessig (oder Apfelessig)
250 g Weißweinessig
130 g brauner Zucker
15 g Salz

1 – Den Kohlrabi putzen, schälen und in etwa 5 mm dicke Scheiben schneiden, diese dann wiederum in 5 mm dicke Stifte. Die Kohlrabistifte in sterilisierte Gläser stellen und die Kräuter und Gewürze hinzufügen.

2 – Für den Sud alle Zutaten mit 500 g Wasser in einem Topf aufkochen und bei mittlerer Hitze köcheln lassen, bis sich der Zucker und das Salz vollständig aufgelöst haben. Den Sud abkühlen lassen.

3 – Die Kohlrabisticks mit dem Sud aufgießen. Die Gläser verschließen und die Kohlrabisticks 30 Minuten bei 90 °C einkochen (s. S. 9–10).

SOMMER · SOMMER ·

TOSKANISCHER FENCHEL

Dieser eingekochte Fenchel schmeckt nicht nur im Stück hervorragend, sondern auch in feinen Streifen geschnitten mit Orangenfilets und etwas mediterranem Kräuteröl (s. S. 109) serviert. Da er eingekocht und bereits in dem Essigsud gezogen ist, hat er ein wunderbares Aroma und bringt das Dressing schon mit.

2 Gläser (à etwa 800 ml)

30 Min. Einkochen

mindestens 6 Monate

1 kg Fenchel (mit frischem Grün)

Pro Glas
1 TL rosa Pfefferbeeren
½ TL schwarze Pfefferkörner
1 TL Fenchelsamen
½ Knoblauchzehe, geschält
1 Lorbeerblatt
2 breite Streifen Bio-Orangenschale (ohne das Weiße)

Für den Sud (für alle Gläser)
300 g Weißweinessig
125 g Zucker
13 g Salz

1 – Den Fenchel waschen und putzen, dabei das Grün beiseitelegen. Die Knollen je nach Größe vierteln oder achteln, das Grün grob schneiden. Die Fenchelstücke mit dem Grün dicht in sterilisierte Gläser schichten, dabei jeweils die Gewürze dazugeben.

2 – Für den Sud alle Zutaten mit 500 g Wasser in einem Topf aufkochen und bei mittlerer Hitze köcheln lassen, bis sich Zucker und Salz vollständig aufgelöst haben. Abkühlen lassen. Den Fenchel mit dem Sud aufgießen. Die Gläser verschließen und den Fenchel 30 Minuten bei 90 °C einkochen (s. S. 9–10).

RADIESCHENPICKLES

Je nachdem, ob die Radieschenpickles im Ganzen, in Scheiben oder gestiftelt eingekocht werden, eignen sie sich für unterschiedliche Gerichte. Ich habe gerne alle drei Varianten im Vorratsregal und habe so Pickles als Beilage zu einem herzhaften Abendbrot, als Topping für Hotdogs oder Zutat für einen knackigen Salat parat.

3 Gläser (à etwa 300 ml)

30 Min. Einkochen

mindestens 6 Monate

1 kg Radieschen

Pro Glas
1 TL gelbe Senfsamen
½ TL schwarze Pfefferkörner
½ TL Korianderkörner
1 Gewürznelke

Für den Sud (für alle Gläser)
300 g Weißweinessig
100 g Honig
7 g Salz

1 – Die Radieschen waschen, putzen und nach Belieben im Ganzen weiterverarbeiten oder mit einem Gemüsehobel in Scheiben oder Stifte schneiden. Dann die Radieschen dicht in sterilisierte Gläser drücken, dabei jeweils die Gewürze dazugeben.

2 – Für den Sud alle Zutaten mit 600 g Wasser in einem Topf aufkochen und bei mittlerer Hitze köcheln lassen, bis sich der Honig und das Salz vollständig aufgelöst haben. Den Sud abkühlen lassen.

3 – Die Radieschen mit dem Sud aufgießen. Dann die Gläser fest verschließen und die Radieschen 30 Minuten bei 90 °C einkochen (s. S. 9–10).

KOMBITIPP

Radieschenpickles verleihen einem kräftigen Wurstsalat das gewisse Etwas.

SOMMER · SOMMER · SOMMER ·

BUNTER MANGOLD

Neben dem traditionellen weißstieligen Mangold wird mittlerweile auch gelb- und rotstieliger Mangold angeboten, die beide deutlich zartere Stiele haben. Diese Stiele lassen sich entweder im Ganzen oder aber portioniert in Streifen einkochen und schmecken so sogar als Topping auf einem Hotdog hervorragend. Ich serviere meinen eingekochten Mangold entweder als Antipasti oder schneide ihn klein und gebe ihn in Salate oder als Topping auf eine Suppe.

4 Gläser (à etwa 400 ml)
30 Min. Einkochen
mindestens 6 Monate

1,5 kg buntstieliger Mangold

Pro Glas
½ TL schwarze Pfefferkörner
½ TL gelbe Senfsamen
¼ TL Selleriesamen
¼ TL Korianderkörner
1 TL Chiliflakes
½ Knoblauchzehe, geschält und in Scheiben geschnitten

Für den Sud (für alle Gläser)
300 g Weißweinessig
130 g Zucker
15 g Salz

1 – Den Mangold gründlich waschen, dann die Blätter abschneiden und anderweitig verwenden (s. Tipp).

2 – Die Mangoldstiele je nach Höhe der Gläser halbieren oder dritteln und in die sterilisierten Gläser stellen. Die Gewürze und den Knoblauch hinzufügen.

3 – Für den Sud alle Zutaten mit 500 g Wasser in einem Topf aufkochen und bei mittlerer Hitze köcheln lassen, bis sich der Zucker und das Salz vollständig aufgelöst haben. Den Sud abkühlen lassen.

4 – Die Mangoldstiele mit dem Sud aufgießen. Die Gläser fest verschließen und die Mangoldstiele 30 Minuten bei 90 °C einkochen (s. S. 9–10).

KOMBITIPP

Die Mangoldblätter eignen sich als Beilage: 1 gewürfelte Zwiebel mit etwas Knoblauch in einer Pfanne anschwitzen, Blätter hinzufügen und einige Minuten mitdünsten. Mit Salz und Pfeffer würzen.

PERLZWIEBELN IM SHERRYSUD

Perlzwiebeln zu schälen ist relativ aufwendig. Die Arbeit lohnt sich aber, denn hausgemachte Perlzwiebeln aus dem Glas schmecken großartig zum Raclette oder Fondue und verfeinern außerdem Kartoffel- und Nudelsalate.

4 Gläser (à etwa 200 ml)

30 Min. Einkochen

mindestens 6 Monate

500 g Perlzwiebeln

Pro Glas
¼ TL schwarze Pfefferkörner
1 Lorbeerblatt

Für den Sud (für alle Gläser)
175 g Sherryessig
100 g trockener Sherry
150 g Rapshonig (oder milder Honig)
10 g Salz

1 – Die Perlzwiebeln schälen und fest in sterilisierte Gläser füllen, dabei jeweils Pfefferkörner und Lorbeerblatt dazugeben.

2 – Für den Sud alle Zutaten mit 125 g Wasser in einem Topf aufkochen und bei mittlerer Hitze köcheln lassen, bis sich der Honig und das Salz vollständig aufgelöst haben. Den Sud abkühlen lassen.

3 – Die Zwiebeln mit dem Sud aufgießen. Die Gläser fest verschließen und die Zwiebeln 30 Minuten bei 90 °C einkochen (s. S. 9–10).

SOMMER · SOMMER ·

HONIGTOMATEN

Tomaten werden durch das Einkochen sehr weich, deshalb ist es besonders wichtig, eine möglichst feste Sorte mit verhältnismäßig wenig Kernen zu verwenden, zum Beispiel feste Fleischtomaten. Mir schmecken diese Tomaten am besten auf einer gerösteten Scheibe Sauerteigbrot. Dazu verstreiche ich eine confierte Knoblauchzehe (s. S. 28) auf der noch warmen Brotscheibe, belege sie dann mit zerzupftem Mozzarella und verteile darauf die Tomaten.

3 Gläser (à etwa 1 l)

30 Min. Einkochen

mindestens 6 Monate

1,5 kg feste Tomaten
1 rote Zwiebel

Pro Glas
2 Knoblauchzehen, geschält
¼ milde rote Chilischote, in feine Ringe geschnitten
1 kleiner Zweig Rosmarin, gewaschen
2 Lorbeerblätter
1 TL gelbe Senfsamen
½ TL schwarze Pfefferkörner
¼ TL Selleriesamen
½ TL Fenchelsamen

Für den Sud (für alle Gläser)
450 g Cidreessig (oder Apfelessig)
175 g Rapshonig (oder milder Honig)
15 g Salz

1 – Die Tomaten waschen, die Stielansätze herausschneiden. Die Zwiebel schälen und in nicht zu kleine Stücke schneiden. Tomaten und Zwiebel in sterilisierte Gläser schichten, dabei jeweils Knoblauch, Chili, Kräuter und Gewürze dazugeben.

2 – Für den Sud alle Zutaten mit 700 g Wasser in einem Topf aufkochen und bei mittlerer Hitze köcheln lassen, bis sich der Honig und das Salz vollständig aufgelöst haben. Den Sud abkühlen lassen.

3 – Die Tomaten mit dem Sud aufgießen. Die Gläser fest verschließen und die Tomaten 30 Minuten bei 90 °C einkochen (s. S. 9–10).

KOMBITIPP
Einige Tropfen Orangen-Fenchel-Öl oder mediterranes Kräuteröl (s. S. 109) verfeinern diese schnelle Vorspeise.

SOMMER · SOMMER ·

BREAD & BUTTER PICKLES

Essiggurken dürfen in keinem Vorratsregal fehlen. Ich mache Gurken jedes Jahr nach unterschiedlichen Rezepten ein, diese Bread & Butter Pickles haben aber einen Stammplatz und kommen oft als Topping für Burger, Hotdogs oder ein einfaches Käsebrot zum Einsatz. Auch Kartoffel-, Nudel- und Wurstsalaten verleihen sie viel Aroma.

6 Gläser (à etwa 350 ml)
20 Min. Einkochen
mindestens 6 Monate

1 kg Einlegegurken

Pro Glas
½ Zwiebel, geschält und in feine Streifen geschnitten
1 Gewürznelke
2 Pimentkörner
2 Wacholderbeeren
½ TL gelbe Senfsamen

Für den Sud
450 g Weißweinessig
250 g Weißwein
400 g Honig
30 g Salz

1 – Die Gurken gründlich waschen, die Enden abschneiden. Dann die Gurken in Scheiben schneiden beziehungsweise hobeln. Die Gurkenscheiben möglichst eng in sterilisierte Gläser schichten, dabei jeweils die Zwiebelstreifen und Gewürze hinzufügen.

2 – Für den Sud alle Zutaten mit 450 g Wasser in einem Topf aufkochen und bei mittlerer Hitze köcheln lassen, bis sich der Honig und das Salz vollständig aufgelöst haben. Den Sud abkühlen lassen.

3 – Die Gurken mit dem Sud aufgießen. Die Gläser fest verschließen und die Gurken 20 Minuten bei 90 °C einkochen (s. S. 9–10).

TIPP

Ich gieße den Gurkensud nicht weg, sondern würze damit Salatsaucen, Labskaus und andere Gerichte.

SOMMER · SOMMER ·

CAPONATA

Wenn es unter der Woche mal wieder schnell gehen muss, öffne ich oft ein Glas eingekochtes Gemüse, wie diese Caponata, und serviere es zu Nudeln oder Reis, bereite einen schnellen Auflauf zu oder genieße es kalt mit einer Scheibe knuprigem Ciabatta (s. S. 114). Caponata wird ganz ähnlich wie das französische Ratatouille zubereitet, enthält aber oft Rosinen und wird süßsauer abgeschmeckt. Ich bereite es etwas schlichter zu, so ist meine Caponata für jeden Einsatz gewappnet.

6 Gläser (à etwa 500 ml)

45 Min. Einkochen

mindestens 1 Jahr

2 Auberginen
Salz
2 rote Zwiebeln
2 Knoblauchzehen
2 Zucchini
1 rote Paprikaschote
½ Staudensellerie
1 Fenchelknolle
4 Tomaten
100 g entsteinte Kalamata-Oliven
etwa 50 ml Olivenöl zum Anbraten
2 TL Rohrohrzucker
40 g Rotweinessig
frisch gemahlener schwarzer Pfeffer
1 Handvoll Basilikumblätter, grob gezupft

1 – Die Auberginen putzen, waschen und grob würfeln. Die Auberginenwürfel mit 2 TL Salz mischen und in einem Sieb 1 Stunde entwässern lassen.

2 – Inzwischen Zwiebeln und Knoblauch schälen. Die Zwiebeln in Streifen schneiden, den Knoblauch sehr fein hacken. Zucchini, Paprika, Sellerie, Fenchel und Tomaten waschen und putzen. Die Zucchini längs halbieren und quer in Scheiben schneiden. Paprika in Rauten, Sellerie schräg in Scheiben, Fenchel in Streifen und Tomaten in grobe Würfel schneiden. Die Oliven längs halbieren.

3 – Die Auberginen unter fließendem Wasser waschen und mit den Händen gut ausdrücken. Gemüse nacheinander in einer Pfanne in Olivenöl bei mittlerer Hitze leicht braun anbraten. Die Oliven dazugeben und einmal aufkochen lassen. Zucker und Essig hinzufügen, salzen und pfeffern. Das Basilikum unterheben. Die Caponata in sterilisierte Gläser füllen und 45 Minuten bei 100 °C einkochen (s. S. 9–10).

CRESPELLE AL FORNO

Dieses Rezept ist eines der besten Beispiele dafür, wie eingekochte Grundzutaten meinen Kochalltag erleichtern und bereichern, denn es gehört zu meinen Notfallrezepten, für die ich in der Regel alle Zutaten im Haus habe. Selbst wenn ich mal nicht zum Einkaufen komme, kann ich so trotzdem eine herrliche, selbst gekochte Mahlzeit zaubern.

4 Portionen

Für die Crêpes
3 Eier (L)
200 g Milch
160 g Mehl
Salz
frisch gemahlener schwarzer Pfeffer
Öl zum Braten der Crêpes

Für Béchamelsauce und Füllung
30 g Butter
30 g Mehl
400 g kalte Milch
Salz
frisch gemahlener schwarzer Pfeffer
frisch geriebene Muskatnuss
150 g gereifter Bergkäse, frisch gerieben
2 Gläser Caponata (à 500 ml, s. S. 59)

1 – Für die Crêpes alle Zutaten in einer Schüssel mit dem Handrührgerät glatt rühren. Den Teig 30 Minuten ruhen lassen. Aus dem Teig in einer Pfanne mit wenig Öl nach und nach acht Crêpes braten. Dazu wenig Fett in der Pfanne erhitzen, eine kleine Schöpfkelle Teig hineingeben und durch Schwenken der Pfanne verteilen. Crêpes braten, bis die Unterseite goldgelb ist, dann wenden und auf der anderen Seite ebenso goldgelb braten. Fertige Crêpes auf einem Teller stapeln und beiseitestellen.

2 – Für die Béchamelsauce die Butter in einem Topf aufschäumen. Das Mehl dazugeben und alles mit einem Schneebesen gut verrühren, bis keine Klümpchen mehr sichtbar sind. Den Topf von der Herdplatte ziehen. Die Milch nach und nach unter ständigem Rühren in den Topf gießen. Die Sauce bei schwacher Hitze 15 Minuten köcheln lassen, dann mit Salz, Pfeffer und Muskatnuss würzen. 50 g Käse dazugeben und unter Rühren schmelzen lassen, sodass eine cremige Sauce entsteht.

3 – Für die Füllung die Caponata in einem Topf bei mittlerer Hitze einmal aufkochen. Backofen auf 200 °C mit Grill vorheizen.

4 – Den Boden einer Auflaufform mit 1 EL Béchamelsauce ausstreichen. Auf jedem Crêpe 3 EL Caponata verteilen, die Crêpes aufrollen. Crêpes nebeneinander in die Auflaufform legen. Béchamelsauce darüber verteilen und mit dem übrigen Käse (100 g) bestreuen. Die Crespelle im Ofen (Mitte) etwa 10 Minuten goldbraun überbacken.

TIPP

Die Crespelle al forno eignen sich auch sehr gut zum Aufwärmen!

SOMMER · SOMMER ·

ZUCCHINI
IM DILL-AQUAVIT-SUD

Zucchini gehören nicht zu meinen bevorzugten Gemüsesorten, doch diese eingelegten Zucchinischeiben habe ich immer im Vorratsregal, denn sie sind eine hervorragende Alternative zum klassischen Gurkensalat. Sie schmecken sehr frisch und würzig und behalten einen angenehmen Biss. Der Aquavit verleiht den Zucchini zwar das gewisse Etwas, er kann aber auch ersatzlos gestrichen werden.

4 Gläser (à etwa 500 ml)

30 Min. Einkochen

mindestens 6 Monate

500 g gelbe Zucchini
500 g grüne Zucchini

Pro Glas

¼ Knoblauchzehe, geschält und in Scheiben geschnitten
¼ TL schwarze Pfefferkörner
¼ TL gelbe Senfsamen
¼ TL Korianderkörner
1 EL fein gehackter Dill

Für den Sud (für alle Gläser)

450 g Weißweinessig
250 g Zucker
20 g Salz
50 g Aquavit

1 – Die Zucchini waschen, putzen und in dünne Scheiben schneiden. Die Scheiben in sterilisierte Gläser schichten, dabei Knoblauch, Gewürze und Dill dazugeben.

2 – Für den Sud alle Zutaten mit 400 g Wasser in einem Topf aufkochen und bei mittlerer Hitze köcheln lassen, bis sich der Zucker und das Salz vollständig aufgelöst haben, dann den Aquavit unterrühren. Den Sud abkühlen lassen.

3 – Die Zucchini mit dem Sud aufgießen. Die Gläser fest verschließen und die Zucchini 30 Minuten bei 90 °C einkochen (s. S. 9–10).

TIPP

Ich verwende hierfür bevorzugt kleine feste Zucchini, da bei diesen das Kerngehäuse noch nicht so ausgeprägt ist.

SOMMER · SOMMER ·

GRÜNE BOHNEN

Die Weiterverarbeitungsmöglichkeiten für eingekochte grüne Bohnen sind ungemein vielseitig, daher koche ich im Sommer eine relativ große Menge ein. Sie lassen sich mit etwas Öl, Kochsud und einigen Gewürzen in einen leckeren Salat verwandeln, schmecken aber auch als Beilage zu Fleischgerichten oder kombiniert mit Bratkartoffeln.

2 Gläser (à etwa 800 ml)
4 Std. Einkochen
mindestens 6 Monate

10 g Salz
1 kg grüne Bohnen
4 Zweige Bohnenkraut

1 – In einem Topf 1 kg Wasser mit dem Salz aufkochen. Den Topf von der Herdplatte ziehen und das Salzwasser vollständig abkühlen lassen.

2 – Inzwischen die Bohnen waschen und putzen, dabei eventuell vorhandene Fäden abziehen und dunkle Stellen entfernen. Das Bohnenkraut waschen.

3 – Die Bohnen hochkant in sterilisierte Gläser füllen, dabei pro Glas je 2 Zweige Bohnenkraut dazugeben.

4 – Die Bohnen mit dem abgekühlten Salzwasser auffüllen. Die Gläser fest verschließen und die Bohnen 2 Stunden bei 100 °C einkochen (s. S. 9–10).

5 – Die Bohnen abkühlen und anschließend 2 Tage ruhen lassen. Dann erneut 2 Stunden bei 100 °C einkochen (s. Tipp).

TIPP

Das zweimalige Einkochen ist wegen der Gefahr der Ausbildung von Botulinumtoxinen sehr wichtig (s. S. 10). Bitte also den zweiten Einkochvorgang nicht weglassen!

SOMMER · SOMMER ·

MIXED PICKLES

Mixed Pickles lassen sich je nach Saison ganz individuell abwandeln. Klassisch werden Blumenkohl, Karotten, Gurken, Babymais, Paprika und Silberzwiebeln verwendet, mindestens genauso gut schmecken aber auch andere Kombinationen. Ich lasse mich gerne vom vorhandenen Angebot auf dem Wochenmarkt inspirieren und verarbeite das Gemüse, das gerade saisonal verfügbar ist.

2 Gläser (à etwa 800 ml)
30 Min. Einkochen
mindestens 6 Monate

1 kg gemischtes Gemüse der Saison (z. B. Blumenkohl, Bohnen, Gelbe Bete)

Pro Glas
1 TL gelbe Senfsamen
1 TL Selleriesamen
1 TL Korianderkörner
1 Lorbeerblatt

Für den Sud (für alle Gläser)
300 g Reisessig
130 g Zucker
20 g Salz

1 – Das Gemüse waschen, putzen und je nach Sorte schälen. Dann das Gemüse je nach Größe und Sorte im Ganzen weiterverarbeiten oder halbieren, vierteln oder in Scheiben schneiden. Das Gemüse dicht in sterilisierte Gläser füllen, dabei jeweils die Gewürze und das Lorbeerblatt hinzufügen.

2 – Für den Sud alle Zutaten mit 600 g Wasser in einem Topf aufkochen und bei mittlerer Hitze köcheln lassen, bis sich der Zucker und das Salz vollständig aufgelöst haben. Den Sud abkühlen lassen.

3 – Das Gemüse mit dem Sud aufgießen. Die Gläser fest verschließen und das Gemüse 30 Minuten bei 90 °C einkochen (s. S. 9–10). Sind Bohnen enthalten, bei 100 °C statt 90 °C einkochen und den Einkochvorgang nach 2 Tagen wiederholen (s. S. 10).

TIPP
Eine bunte Kombination dieser Mixed Pickles ist eine hervorragende Alternative zu Antipasti und schmeckt sowohl als Beilage als auch als Vorspeise.

SOMMER · SOMMER ·

HEIDELBEEREN
IM ESSIGSUD

Dieses ist eines meiner Lieblingsrezepte, denn der süßsaure Essigsud harmoniert wunderbar mit dem Aroma der Heidelbeeren und holt das Beste aus ihnen heraus. Ich verwende wenn möglich kleine Waldheidel- oder Bickbeeren, Kulturheidelbeeren eignen sich aber ebenso.

4 Gläser (à etwa 300 ml)

1 Std. Ziehen + 30 Min. Einkochen

mindestens 6 Monate

Für den Sud (für alle Gläser)
300 g Rotweinessig
¼ TL schwarze Pfefferkörner
2 Wacholderbeeren
200 g Rohrohrzucker
10 g Salz

Für die Beerenmischung
500 g Heidelbeeren
2 rote Zwiebeln
2 Zweige Rosmarin

1 – Für den Sud alle Zutaten mit 200 g Wasser in einem Topf aufkochen und bei mittlerer Hitze köcheln lassen, bis sich der Zucker und das Salz vollständig aufgelöst haben. Den Topf von der Herdplatte ziehen und den Sud mindestens 1 Stunde ziehen lassen.

2 – Die Heidelbeeren verlesen, gründlich waschen und abtropfen lassen. Die Zwiebeln schälen und in dünne Streifen schneiden. Den Rosmarin waschen und trocken tupfen, die Zweige in kleine Stücke zupfen.

3 – Heidelbeeren, Zwiebelstreifen und Rosmarin in einer Schüssel mischen. Die Mischung in sterilisierte Gläser füllen.

4 – Den Sud durch ein Sieb in einen Krug gießen und die Heidelbeeren damit auffüllen. Die Gläser fest verschließen und die Beeren 30 Minuten bei 90 °C einkochen (s. S. 9–10).

KOMBITIPP

Verfeinern Sie Burger und Sandwiches mit diesen Heidelbeeren – sie bringen eine herrlich fruchtige Note mit.

CROSTINI MIT PULLED LACHS UND HEIDELBEEREN

Lachs und Heidelbeeren klingt im ersten Moment etwas gewöhnungsbedürftig, beide Komponenten passen aber wirklich hervorragend zusammen. Mir persönlich schmeckt der Fisch kombiniert mit den Heidelbeeren fast noch besser als allein, denn die Heidelbeeren verleihen ihm eine ganz besonders fruchtige Note.

4 Portionen

Für den Lachs
500 g Lachsfilet mit Haut
Olivenöl für die Form und zum Bestreichen
Salz
frisch gemahlener Pfeffer
1 Knoblauchzehe
½ Bio-Zitrone
1 EL Dill, sehr fein gehackt
2 EL Knoblauchhonig (s. S. 86)

Außerdem
1 Baguette
Olivenöl (nach Belieben)
Salzflakes
1 Glas Heidelbeeren im Essigsud (300 ml, s. S. 68)

1 – Das Lachsfilet kalt waschen und anschließend mit Küchenpapier trocken tupfen. Eine Auflaufform mit Öl ausstreichen und das Lachsfilet mit der Hautseite nach unten hineinlegen, dann den Lachs auf der obenliegenden Fleischseite ebenfalls ölen. Den Lachs kräftig salzen und pfeffern. Den Backofen auf 180 °C Umluft vorheizen.

2 – Den Knoblauch schälen und sehr fein hacken. Die Zitrone heiß waschen, trocken tupfen und in dünne Scheiben schneiden. Den Lachs mit Knoblauch und Dill bestreuen, mit Knoblauchhonig bestreichen und mit Zitronenscheiben belegen. Den Lachs im Ofen (Mitte) 15–20 Minuten garen, er soll auf jeden Fall noch glasig sein.

3 – Zum Servieren das Baguette in dünne Scheiben schneiden und nach Belieben in einer Pfanne in etwas Olivenöl knusprig braten. Den Lachs mit einer Gabel zerzupfen, auf den Brotscheiben verteilen und mit Salzflakes würzen. Zum Schluss je 1–2 TL Heidelbeeren daraufgeben.

TIPP
Sowohl der Sud als auch die Beeren selbst eignen sich sehr gut zum Abschmecken von kräftigen Bratensaucen.

HERBST · HERBST ·

SÜSSSAURE
ROTE-BETE-SPIRALEN

Eingelegte Rote Bete habe ich immer im Vorrat, denn sie gehört zu einem norddeutschen Labskaus unbedingt dazu. Außerdem verwende ich sie gerne für Hering- oder Kartoffelsalate oder ergänze damit bunt gemischte Salatteller.

2 Gläser (à etwa 500 ml)
30 Min. Einkochen
mindestens 6 Monate

1 kg Rote Bete
1 rote Zwiebel

Pro Glas
1 Lorbeerblatt
2 Gewürznelken
½ Muskatblüte
2 Pimentkörner
5 schwarze Pfefferkörner

Für den Sud (für alle Gläser)
400 g Weißweinessig
400 g Rotweinessig
400 g Rohrohrzucker
1 TL Salz

1 – Die Rote Bete waschen, putzen und schälen. Dann die Knollen mit einem Spiralschneider in Spiralen schneiden (s. Tipp). Die Zwiebel schälen und in dünne Streifen schneiden.

2 – Die Rote Bete mit den Zwiebelstreifen in sterilisierte Gläser füllen, dabei jeweils auch Lorbeerblatt und Gewürze dazugeben.

3 – Für den Sud alle Zutaten in einem Topf aufkochen und bei mittlerer Hitze köcheln lassen, bis sich der Zucker und das Salz vollständig aufgelöst haben. Den Sud abkühlen lassen.

4 – Die Rote-Bete-Spiralen mit dem Sud aufgießen. Die Gläser fest verschließen und die Rote Bete 30 Minuten bei 90 °C einkochen (s. S. 9–10).

TIPP
Wer keinen Spiralschneider hat, kann die Rote Bete natürlich auch in Scheiben oder Würfel schneiden.

KOMBITIPP

1 TL des Suds verleiht vielen Saucen und Dips eine angenehme süßsaure Schärfe.

KANDIERTE **JALAPEÑOS**

Kandierte Jalapeños werden in den USA auch als Cowboy Candy bezeichnet. Ich verwende sie für viele mexikanischen Gerichte, als Topping für Tacos, Burger oder zusammen mit Sour Cream als Begleitung zu einem feurigen Chilieintopf.

3 Gläser (à etwa 250 ml)
30 Min. Einkochen
mindestens 6 Monate

600 g Jalapeño-Chilischoten

Pro Glas
½ TL Korianderkörner
½ TL Selleriesamen
1 Knoblauchzehe, geschält und in Scheiben geschnitten

Für den Sud (für alle Gläser)
250 g Apfelessig
250 g Rohrohrzucker
1 TL Salz

1 – Die Jalapeños waschen und in Scheiben schneiden, dabei den Stielansatz entfernen. Die Scheiben in sterilisierte Gläser füllen, dabei jeweils die Gewürze dazugeben.

2 – Für den Sud alle Zutaten in einem Topf aufkochen und bei mittlerer Hitze köcheln lassen, bis sich der Zucker und das Salz vollständig aufgelöst haben.

3 – Die Jalapeños mit dem Sud aufgießen. Die Gläser fest verschließen und die Jalapeños 30 Minuten bei 90 °C einkochen (s. S. 9–10).

HERBST · HERBST

EINGELEGTER ROTKOHL

Wenn ich Krautsalat zubereite, habe ich oft das Problem, dass ein ganzer Kohl zu viel ist und die Portion zwangsläufig deutlich größer wird als eigentlich benötigt. Ich bin deshalb dazu übergegangen, den Kohl komplett zu verarbeiten und entweder Sauerkraut (s. S. 93) anzusetzen oder – wie in diesem Fall – den Kohl einzukochen. Rotkohl ist ein sehr schöner Farbtupfer und schmeckt sauer eingelegt ganz ausgezeichnet. Er bleibt auch nach dem Einkochen angenehm knackig und frisch und schmeckt auf einem Salatteller oder als Beilage zu Gegrilltem.

4 Gläser (à etwa 800 ml)

mindestens 1 Std. Ziehen + 30 Min. Einkochen

mindestens 6 Monate

Für den Sud
200 g Rotwein
500 g Rotweinessig
300 g Zucker
25 g Salz
1 Lorbeerblatt
1 Knoblauchzehe, geschält
½ TL schwarze Pfefferkörner
½ TL Korianderkörner

Für die Kohlmischung
1 kg Rotkohl
1 rote Zwiebel

1 – Für den Sud alle Zutaten in einem Topf aufkochen und bei mittlerer Hitze köcheln lassen, bis sich der Zucker und das Salz vollständig aufgelöst haben. Den Topf von der Herdplatte ziehen und den Sud mindestens 1 Stunde ziehen lassen, besser jedoch über Nacht.

2 – Vom Rotkohl die äußeren Blätter entfernen. Den Kohl längs halbieren und den Strunk herausschneiden. Dann die Kohlhälften mit einem Gemüsehobel in möglichst feine Streifen schneiden. Die Zwiebel schälen und ebenfalls in feine Streifen hobeln. Kohl und Zwiebel vermischen und fest in sterilisierte Gläser füllen.

3 – Den Sud durch ein Sieb in einen Krug gießen und den Kohl damit auffüllen. Die Gläser fest verschließen und den Rotkohl 30 Minuten bei 90 °C einkochen (s. S. 9–10).

ROSENKOHLPICKLES

Rosenkohl ist eine der Gemüsesorten, denen ich bisher erfolgreich aus dem Weg gegangen bin, dieses Rezept hat mich aber eines Besseren belehrt. Durch das Einkochen verliert der Rosenkohl seinen typisch muffigen Beigeschmack und bleibt wunderbar knackig.

5 Gläser (à etwa 500 ml)
30 Min. Einkochen
mindestens 6 Monate

1 kg Rosenkohl

Pro Glas
1 Lorbeerblatt
1 Knoblauchzehe, geschält
¼ rote Zwiebel, geschält und in feine Streifen geschnitten
¼ milde Chilischote, in Ringe geschnitten
½ TL gelbe Senfsamen
¼ TL Selleriesamen
½ TL Korianderkörner

Für den Sud (für alle Gläser)
400 g Cidreessig (oder Apfelessig)
150 g Zucker
15 g Salz

1 – Den Rosenkohl waschen und putzen, die Röschen je nach Größe halbieren oder im Ganzen weiterverarbeiten.

2 – Den Rosenkohl in sterilisierte Gläser füllen, dabei jeweils Lorbeerblatt, Knoblauch, Zwiebel, Chili und Gewürze dazugeben.

3 – Für den Sud alle Zutaten mit 600 g Wasser in einem Topf aufkochen und bei mittlerer Hitze köcheln lassen, bis sich der Zucker und das Salz vollständig aufgelöst haben. Den Sud abkühlen lassen.

4 – Den Rosenkohl mit dem Sud aufgießen. Die Gläser fest verschließen und den Rosenkohl 30 Minuten bei 90 °C einkochen (s. S. 9–10).

TIPP

Das zweimalige Einkochen ist wegen der Gefahr der Ausbildung von Botulinumtoxinen sehr wichtig (s. S. 10) – bitte also nicht weglassen!

GEMISCHTE PILZE
IM GEWÜRZSUD

Wenn ich im Herbst »in die Pilze« gehe, stehe ich anschließend oft vor dem Problem, die Ausbeute zu konservieren und so länger haltbar zu machen. Wer wie ich keinen großen Gefrierschrank hat, für den ist dieses Rezept ideal. Die Pilze sind bereits gegart und lassen sich so schnell und unkompliziert weiterverarbeiten oder auch als Antipasti genießen.

4 Gläser (à etwa 250 ml)
2 Std. 30 Min. Einkochen
mindestens 6 Monate

750 g gemischte Pilze
50 g Schalotten
½ Knoblauchzehe
Olivenöl zum Anschwitzen
1 TL Thymianblätter
frisch gemahlener schwarzer Pfeffer

Pro Glas
1 Lorbeerblatt
2 Wacholderbeeren

Für den Sud (für alle Gläser)
250 g Weißwein
75 g Weißweinessig
5 g Salz

1 – Die Pilze sehr gründlich putzen und mit einem Küchentuch abreiben. Dann die Pilze je nach Größe im Ganzen weiterverarbeiten, vierteln oder in Scheiben schneiden. Die Schalotten schälen und in feine Würfel schneiden. Den Knoblauch schälen und in feine Scheiben schneiden.

2 – In einem Topf reichlich Wasser zum Kochen bringen und die Pilze darin 30 Sekunden blanchieren. In ein Sieb abgießen und gut abtropfen lassen.

3 – Die Schalottenwürfel und die Knoblauchscheiben in einer Pfanne in etwas Öl bei mittlerer Hitze glasig anschwitzen. Die Pilze und den Thymian untermischen. Die Pilzmischung mit Pfeffer würzen und in sterilisierte Gläser verteilen, dabei jeweils Lorbeer und Wacholderbeeren hinzufügen.

4 – Für den Sud Wein, Essig und Salz in einem Topf aufkochen. Dann alles bei mittlerer Hitze köcheln lassen, bis sich das Salz aufgelöst hat. Den Sud abkühlen lassen.

5 – Die Pilze mit dem Sud aufgießen. Die Gläser verschließen und die Pilzmischung 1 Stunde 30 Minuten bei 100 °C einkochen (s. S. 9–10). Abkühlen und 2 Tage ruhen lassen. Dann erneut 1 Stunde bei 100 °C einkochen (s. Tipp).

4

EINGELEGTES

GANZJÄHRIG · GANZJÄHRIG ·

SENFKAVIAR

Senfkaviar wird mittlerweile in nahezu jedem Feinkostgeschäft angeboten, er lässt sich aber mit nur wenigen Zutaten in kürzester Zeit ganz einfach und sehr viel preisgünstiger selbst herstellen. Ich würze damit nicht nur gebratenes Fleisch, sondern auch Sandwiches, Salate, Rührei und vieles mehr.

1 Glas (etwa 250 ml)
3 Tage Ziehen
gekühlt mindestens 6 Monate

100 g Sherryessig
50 g Honig
¼ TL Salz
40 g gelbe Senfsamen
20 g braune Senfsamen

1 – Den Essig mit dem Honig und dem Salz in einem Topf aufkochen und bei mittlerer Hitze köcheln lassen, bis sich der Honig und das Salz vollständig aufgelöst haben.

2 – Den Topf von der Herdplatte ziehen. Die gelben und braunen Senfsamen unter die Essig-Honig-Mischung rühren.

3 – Den Senfkaviar in ein sauberes, verschließbares Glas umfüllen und vor der Verwendung mindestens 3 Tage ziehen lassen. Im Kühlschrank aufbewahren.

HERBST · HERBST

KNOBLAUCHHONIG

Knoblauchhonig klingt zunächst ungewöhnlich, er hat es aber faustdick hinter den Ohren und veredelt Pizza oder Salatdressings und lindert auch – genau wie Zwiebelsud – Hustenreiz und Halskratzen. Im Laufe der Zeit werden die Zehen immer fester und kandieren von selbst. Aufgeschnitten oder gewürfelt sind auch sie ein leckeres Würzmittel.

1 Glas (etwa 1 l)
2 Wochen Fermentieren
etwa 1 Jahr

3 junge Knoblauchknollen
500 g Honig
1 Prise Cayennepfeffer (nach Belieben)

1 – Den Knoblauch schälen und in Zehen teilen, dabei Schadstellen wegschneiden. Die Zehen mit einem breiten Messer etwas andrücken, sodass das im Knoblauch vorhandene Allicin austreten kann und die Fermentation schnell in Gang kommt.

2 – Den Knoblauch mit dem Honig und nach Belieben Cayennepfeffer in ein sauberes Glas geben, das Glas sollte zu maximal zwei Dritteln gefüllt sein. Das Glas gut verschließen und den Knoblauchhonig an einem dunklen Ort bei Zimmertemperatur mindestens 2 Wochen fermentieren lassen. Das Glas während dieser aktiven Fermentationsphase täglich einmal öffnen, sodass die Gase austreten können. Nach 2 Wochen ist der Honig verzehrfähig, er hält sich aber auch bis zu 1 Jahr und länger.

KOMBITIPP
1 EL Knoblauchhonig verleiht der Cast Iron Pan Pizza (s. S. 132) eine besondere Note.

TIPP

Je frischer der Knoblauch, desto schneller und kräftiger verläuft der Fermentationsprozess. Es sollte deshalb kein trockener Lagerknoblauch verwendet werden. Besser ist der im Herbst frisch geerntete Knoblauch.

SOMMER · SOMMER ·

EINGELEGTE TOMATEN IN ÖL

Neben Kräutern, Zwiebeln und Obst dörre ich im Sommer auch gerne Gemüse, unter anderem vollreife Tomaten. Besonders gut geeignet sind dafür Romatomaten, die verhältnismäßig wenig Kerne haben. Um die Tomaten später weiterzuverarbeiten, lege ich sie ein und habe so auch im Winter eine leckere Zutat für Salate, Schmorgerichte, Brotaufstriche und Pesto.

1 Glas (etwa 500 ml)

2 Std. 45 Min. Kochen und Abtropfen

4 Wochen

400 g Rotwein
100 g Rotweinessig
2 Lorbeerblätter
1 EL getrocknete Zwiebeln (s. S. 14)
1 TL getrocknete Knoblauchflakes (s. S. 14)
1 TL schwarze Pfefferkörner, im Mörser leicht angedrückt
1 TL Fenchelsamen, im Mörser leicht angedrückt
1 getrocknete Chilischote
1 Sternanis
150 g getrocknete Tomaten
etwa 300 ml Olivenöl (s. Tipp)

1 – Rotwein, Essig, Lorbeerblätter, Zwiebeln, Knoblauch, Pfeffer, Fenchelsamen, Chilischote und Sternanis mit 150 g Wasser in einem Topf aufkochen und bei mittlerer Hitze 5 Minuten köcheln lassen.

2 – Die getrockneten Tomaten dazugeben und alles 10 Minuten weiterköcheln. Den Topf von der Herdplatte ziehen und die Tomaten im Sud 30 Minuten ziehen lassen.

3 – Tomatenmischung in ein feines Sieb abgießen und etwa 2 Stunden sehr gut abtropfen lassen. In ein sauberes Glas geben und gut mit Öl bedecken.

KOMBITIPP

Wenn vorhanden, schmeckt hier auch ein selbst angesetztes Kräuteröl (s. S. 109) sehr gut.

PICCALILLI

Piccalilli ist ein eingelegtes Senfgemüse, das Mitte des 19. Jahrhunderts in Großbritannien entstanden ist und seinen Ursprung in Indien hat. Die Entstehung des Namens lässt sich nicht mehr eindeutig nachvollziehen, er geht aber wohl auf den englischen Begriff »pickle« zurück. Die Rezeptur variiert teilweise enorm und hängt auch von der Saison und dem verwendeten Gemüse ab. Ich habe das Gemüse nicht nur wie im Original eingesalzen und in der Senfsauce gekocht, sondern zusätzlich noch eingekocht, so hält es sich problemlos ein halbes Jahr und länger.

7 Gläser (à etwa 300 ml)

mindestens 1 Std. Kühlen + 1 Std. Einkochen

mindestens 6 Monate

200 g Blumenkohl
100 g Brokkoli
150 g grüne Bohnen
100 g rote Zwiebeln
200 g Fenchelknolle
150 g Karotte
100 g Paprikaschote
100 g Rettich (oder Radieschen)
2 milde rote Chilischoten
70 g Salz

Für den Sud
3 EL Maisstärke
2 EL gelbe Senfsamen
1 ½ EL braune Senfsamen
2 TL gemahlener Kreuzkümmel
2 EL gemahlene Kurkuma
1 EL Korianderkörner
½ TL frisch geriebene Muskatnuss
2 EL Senfpulver
500 g Birnenessig (s. S. 106; oder Cidreessig)
8 EL Rohrohrzucker
1 Birne, grob gerieben
3 Knoblauchzehen, geschält und fein gehackt
3 Lorbeerblätter

1 – Gemüse und Chili waschen, je nach Sorte putzen oder schälen. Blumenkohl und Brokkoli in kleine Röschen teilen, Bohnen in 5mm lange Stücke schneiden. Zwiebel, Fenchel, Karotte, Paprika und Rettich oder Radieschen klein würfeln. Die Chili entkernen und sehr klein würfeln. Alles mit dem Salz in einer großen Schüssel mischen und mit kaltem Wasser bedecken. Mindestens 1 Stunde kühl stellen, am besten über Nacht.

2 – Für den Sud die Stärke mit 100 g Wasser glatt rühren. Restliche Sudzutaten in einem großen Topf aufkochen. Stärkemischung einrühren und köcheln, bis die Flüssigkeit eingedickt ist. Gemüse dazugeben und 10 Minuten bei mittlerer Hitze kochen.

3 – Das Piccalilli in sterilisierte Gläser füllen. Die Gläser verschließen und das Piccalilli 1 Stunde bei 100 °C einkochen (s. S. 9–10).

KOMBITIPP

Piccalilli ist ein köstlicher Begleiter zu Braten, Fondue oder Eiern.

TIPP

Verwenden Sie Gefäße, bei denen der Deckel locker aufliegt, damit die Gläser während der Fermentation nicht platzen!

HERBST · HERBST ·

SAUERKRAUT IM GLAS

Dieses Sauerkrautgrundrezept lässt sich ganz nach Geschmack abwandeln und verfeinern. Frische Kräuter der Saison, Gewürze, Karotten- oder Paprikastückchen verleihen ihm immer wieder eine ganz neue Note.

1 Glas (etwa 1 l)
5–7 Wochen Fermentieren
etwa 6 Monate

1 kg Weiß- oder Spitzkohl
10 g Meersalz
2 Lorbeerblätter
4 Wacholderbeeren

1 – Vom Kohl die äußeren Blätter entfernen, den Kohl längs halbieren und den Strunk herausschneiden. Die Kohlhälften mit einem Gemüsehobel in möglichst feine Streifen schneiden. Die Kohlstreifen in eine Schüssel geben und mit dem Salz bestreuen. Dann alles mit den Händen vermischen.

2 – Den Kohl lagenweise in das Glas füllen, dabei die Lorbeerblätter und Wacholderbeeren gleichmäßig verteilen. Den Kohl nach jeder neuen Lage mit einem Kohlstampfer kräftig stampfen, sodass die Struktur des Kohls aufgebrochen wird und Flüssigkeit austritt. Nach dem Stampfen der letzten Lage sollte so viel Flüssigkeit ausgetreten sein, dass der Kohl bedeckt ist. Den Kohl mit einem kleinen Teller beschweren, so wird er unter die Flüssigkeit gedrückt und beginnt nicht zu schimmeln.

3 – Das Glas 1 Woche bei Zimmertemperatur an einem dunklen Ort lagern, währenddessen vermehren sich die Milchsäurebakterien und der Fermentationsprozess setzt ein. Anschließend das Sauerkraut 4–6 Wochen an einem kühlen Ort fertig fermentieren und reifen lassen. Dann ist es einsatzbereit und kann in der Küche weiterverarbeitet oder auch roh gegessen werden. Kühl gelagert hält es sich problemlos einige Monate.

SZEGEDINER GULASCH

Anders als ein klassisches Wiener Saftgulasch wird Szegediner Gulasch aus Schweinefleisch zubereitet und mit viel Sauerkraut und Paprika zart geschmort. Besonders gut geeignet ist dafür natürlich selbst gemachtes Sauerkraut. Für einen intensiven Paprikageschmack würze ich das Gulasch mit hausgemachtem Ajvar, so steht dem Gulaschgenuss auch außerhalb der Paprikasaison nichts im Wege.

4 Portionen

300 g Zwiebeln
1 kg Schweinenacken (oder Schweineschulter)
1 EL Butterschmalz
4 confierte Knoblauchzehen (s. S. 28; oder 2 frische Knoblauchzehen, sehr fein gehackt)
2 EL Paprikapulver edelsüß
1 TL süßes geräuchertes Paprikapulver
100 g Ajvar (s. S. 112)
500 ml Rinderfond (s. S. 22)
800 g Sauerkraut (s. S. 93)
2 Lorbeerblätter
Salz
frisch gemahlener schwarzer Pfeffer

Außerdem
Schmand zum Servieren
Schnittlauchröllchen zum Servieren

1 – Die Zwiebeln schälen und in feine Würfel schneiden. Das Fleisch waschen, trocken tupfen und in 3 cm große Würfel schneiden.

2 – Das Butterschmalz in einem großen Schmortopf erhitzen und die Zwiebelwürfel darin goldbraun andünsten. Die Knoblauchzehen hinzufügen und leicht zerdrücken. Beide Sorten Paprikapulver unterrühren, dann das Ajvar und die Fleischwürfel dazugeben und verrühren. Mit Rinderfond ablöschen und das Sauerkraut sowie die Lorbeerblätter hinzufügen.

3 – Das Gulasch mit Salz und Pfeffer würzen und mit geschlossenem Deckel bei schwacher Hitze etwa 30 Minuten schmoren, bis das Fleisch schön zart ist.

4 – Das fertige Gulasch nochmals mit Salz und Pfeffer abschmecken und mit einem Klecks Schmand und Schnittlauchröllchen servieren. Dazu passen Salzkartoffeln oder Serviettenknödel.

SOMMER · SOMMER ·

SCHNIBBELBOHNEN

Fermentierte Schnibbelbohnen sind unter anderem die Grundlage für einen herzhaften Schnibbelbohnen-Eintopf. Hierfür werden die Bohnen erst über Nacht gewässert und dann mit Suppenfleisch und Kartoffeln in einer kräftigen Rinderbrühe gekocht. Zur Verfeinerung gibt man noch einige Kochwurstscheiben hinzu. Ein sehr einfaches und köstliches Gericht, das bei mir immer wieder gerne auf den Tisch kommt.

2 Gläser (à etwa 500 ml)
6 Wochen Fermentieren
etwa 6 Monate

1 kg grüne Bohnen
40 g Salz

1 – Die Bohnen gründlich waschen und die Enden abschneiden, eventuell vorhandene Fäden abziehen. Dann die Bohnen mit einem Bohnenschneider oder alternativ einem Messer der Länge nach schräg in etwa 3 mm breite Streifen schneiden.

2 – Die Bohnenstreifen mit dem Salz mischen und sehr fest in die sauberen Gläser drücken, dabei immer wieder fest mit einem Kohlstampfer stampfen, sodass die Struktur der Bohnen aufgebrochen wird und Flüssigkeit austritt. Die Bohnen mit einem kleinen Teller oder einem Glasgewicht beschweren, sodass sie unter die Oberfläche der entstandenen Flüssigkeit gedrückt werden.

3 – Die Bohnen 6 Wochen an einem dunklen, kühlen Ort fermentieren lassen. Dann sind die Schnibbelbohnen zur weiteren Verwendung einsatzbereit (s. Tipp).

TIPP

Rohe Bohnen sind giftig. Während der Fermentation wird das giftige Phasin zwar in der Regel abgebaut, doch um auf Nummer sicher zu gehen, sollten auch Schnibbelbohnen immer gekocht werden.

HERBST · HERBST ·

KIMCHI

Kimchi ist die mit Sicherheit wichtigste Grundzutat in der koreanischen Küche. Kohl und anderes Gemüse werden hierfür mit einer gewürzten Chilipaste eingerieben und in Krügen oder Gläsern gestapelt. Innerhalb einiger Tage setzt der Fermentationsprozess ein und konserviert das Gemüse so über einige Monate hinweg. Kimchi wird nicht nur pur gegessen, sondern ist Bestandteil nahezu jeder koreanischen Mahlzeit.

1 Glas (etwa 1,5 l)

1–3 Tage Fermentieren

gekühlt etwa 6 Monate

800 g Chinakohl
100 g Salz

Für die Klebreispaste
15 g Klebreismehl
15 g brauner Zucker
80 g Rettich
50 g Karotten
100 g Frühlingszwiebeln
1 Knoblauchknolle
15 g Ingwer
75 g Zwiebel
50 g Fischsauce
30 g fermentierte Shrimps
100 g *Gochugaru* (koreanisches Chilipulver)

1 – Den Chinakohl am Strunk kreuzweise etwa 3 cm tief einschneiden, sodass die festen Stiele zerteilt sind, dann nach oben hin aufreißen und dadurch vierteln. Die Viertel gründlich unter fließendem Wasser waschen, anschließend abtropfen lassen.

2 – Die Blätter gleichmäßig salzen (auch im Inneren) und in einer Schüssel 2 Stunden ziehen lassen. Währenddessen alle 30 Minuten wenden, sodass das Wasser ablaufen kann und das Salz gleichmäßig einwirken.

3 – Inzwischen für die Klebreispaste 200 g kaltes Wasser in einen Topf geben und das Reismehl einrühren, dann den Zucker hinzufügen. Alles zum Kochen bringen und köcheln lassen, bis eine deutlich eingedickte Paste entstanden ist. Beiseitestellen und vollständig abkühlen lassen.

4 – Rettich, Karotten und Frühlingszwiebeln waschen und putzen. Rettich und Karotten schälen und in sehr feine Streifen schneiden oder hobeln. Die Frühlingszwiebeln fein hacken. Knoblauch, Ingwer und Zwiebel schälen und fein hacken.

5 – Die Fischsauce unter die abgekühlte Klebreispaste rühren. Aus den Shrimps die Flüssigkeit herausdrücken, sehr fein hacken und zusammen mit dem *Gochugaru* unter die Paste rühren. Zum Schluss Rettich, Karotten, Frühlingszwiebeln, Knoblauch, Ingwer und Zwiebel unter die Paste heben.

TIPP

Verwenden Sie für Kimchi unbedingt das im Rezept angegebene sehr milde koreanische Chilipulver!

6 – Jede Lage der Kohlviertel mit Gemüsepaste bestreichen, dann die Kohlviertel der Länge nach einmal umklappen und fest in einem sauberen Glas oder Krug stapeln. Dabei darauf achten, dass keine Zwischenräume und Luftblasen entstehen.

7 – Das Glas verschließen und den Kohl 1–3 Tage bei Zimmertemperatur fermentieren lassen. Das Kimchi ist bereits nach 1 Tag verzehrbereit und wird weicher und saurer, je länger es fermentiert. Im Kühlschrank aufbewahrt hält es sich problemlos einige Wochen oder sogar Monate.

KOMBITIPP

Ich bereite mit Kimchi gerne Reis-, Eier- oder Nudelgerichte zu und verwende es als Gemüsebasis für Schmortopfgerichte oder Suppen.

5

SAUCEN, ESSIG & SIRUP

FRÜHLING · FRÜHLING ·

SCHNITTLAUCHBLÜTENESSIG

Essig zu aromatisieren ist eine meiner besonderen Leidenschaften, denn außer einem guten Essig und wenigen frischen Zutaten braucht es nur etwas Zeit, um eine köstliche, individuelle Zutat für Dressings und andere Rezepturen zu erhalten.

1 Glas (etwa 500 ml)

1 Woche Ziehen

etwa 1 Jahr

50 g Schnittlauchblüten
500 g Weißweinessig

1 – Die Schnittlauchblüten gründlich unter fließendem Wasser waschen, dann trocken schleudern. In ein sauberes Glas geben und mit dem Essig übergießen.

2 – Das Glas verschließen und den Essig 1 Woche an einem hellen Ort ziehen lassen.

3 – Den Essig durch ein sehr feines Sieb filtern und in Flaschen füllen.

KOMBITIPP

Ich mache mit diesem Essig besonders gerne grünen Blatt-, aber auch Tomatensalat an.

TIPP

Dieser Essig eignet sich aufgrund der hübschen rosa Farbe hervorragend als Geschenk, beispielsweise kombiniert mit einem mediterranen Kräuter- oder Orangen-Fenchel-Öl *(s. S. 109).*

ERDBEERESSIG

Erdbeeressig (im Bild links) setze ich jedes Jahr zu Beginn der Saison an und bereite dann später in der Saison den Balsam zu. Erdbeerbalsam (im Bild rechts) ist an sich schon fast ein fertiges Dressing, er schmeckt aber aufgrund seiner Süße auch hervorragend als Dessertsauce.

1 Glas (etwa 500 ml)
2 Wochen Ziehen
etwa 1 Jahr

300 g Erdbeeren
500 g Weißweinessig

1 – Die Erdbeeren waschen, putzen und jeweils halbieren. Mit dem Essig in ein sauberes Glas geben und an einem hellen Ort 2 Wochen ziehen lassen.

2 – Den fertigen Essig durch ein Sieb gießen und in ein sauberes, dicht verschließbares Glas füllen.

ERDBEERBALSAM

1 Flasche (etwa 400 ml)
sofort verwendbar
etwa 6 Monate

200 g sehr reife Erdbeeren
80 g Rohrohrzucker
150 g Erdbeeressig (s. o.)

1 – Die Erdbeeren waschen, putzen, in ein hohes Gefäß geben und mit dem Stabmixer fein pürieren. Dann das Erdbeerpüree durch ein sehr feines Sieb in einen Topf passieren.

2 – Den Zucker zum Erdbeerpüree geben und alles unter Rühren leicht erwärmen, bis sich der Zucker vollständig aufgelöst hat. Den Essig einrühren. Den Erdbeerbalsam in eine saubere Flasche füllen. Die Flasche verschließen und im Kühlschrank lagern.

KOMBITIPP

Erdbeerbalsam schmeckt mit einer Kugel Vanilleeis sehr gut, eignet sich aber auch solo als Aperitif oder Digestif.

BIRNENESSIG

Birnenessig ist ein herrlicher Herbstessig, den ich gerne im Winter für Salatdressings verwende. Er lässt sich ganz pur aus Birnen und Essig herstellen oder – wie hier – fein aromatisiert mit einigen Gewürzen und Honig.

1 Glas (etwa 2,5 l) + 1 Flasche (etwa 500 ml)
mindestens 4 Wochen Ziehen
etwa 1 Jahr

500 g vollreife Birnen
2 Lorbeerblätter
3 Wacholderbeeren
5 g schwarze Pfefferkörner
500 g Weißweinessig
100 g Rapshonig (oder milder Honig)
5 g Salz

1 – Die Birnen waschen und je nach Größe halbieren oder vierteln. Die Birnenstücke mit Lorbeerblättern, Wacholderbeeren und Pfefferkörnern in ein großes Glas geben. Essig mit Honig und Salz in einem Topf aufkochen und bei mittlerer Hitze köcheln lassen, bis sich Honig und Salz aufgelöst haben. Den Sud über die Birnen gießen, diese sollten vollständig bedeckt sein.

2 – Das Glas verschließen und auf der Fensterbank oder an einem anderen hellen Ort mindestens 1 Monat oder auch bis zu 3 Monate ziehen lassen.

3 – Die Birnen in ein feines Sieb abgießen, dabei den Essig auffangen. Den Essig in eine saubere Flasche füllen.

KOMBITIPP

Birnenessig schmeckt besonders gut kombiniert mit einem nussigen Öl.

TIPP

Ich lagere beide Öle im Kühlschrank, so hält sich das Aroma länger.

ORANGEN-FENCHEL-ÖL

Aromatisierte Öle eignen sich nicht nur hervorragend für ein schnelles Dressing, ich nutze sie auch zum Marinieren von Fleisch und Fisch oder brate beides direkt damit in der Pfanne an. In hübsche Flaschen gefüllt, eignen sich diese Öle auch sehr gut als kleine kulinarische Mitbringsel!

1 Flasche (etwa 250 ml)
mindestens 2 Wochen Ziehen
etwa 3 Monate

250 ml Rapsöl
1 TL Fenchelsamen, leicht angedrückt
½ TL schwarze Pfefferkörner
Schale von ½ Bio-Orange (ohne das Weiße)
1 Lorbeerblatt
etwas Fenchelgrün (nach Belieben)

1 – Alle Zutaten in einer sauberen Flasche mindestens 2 Wochen ziehen lassen.

2 – Die Orangenschale entfernen und das Öl an einem kühlen, dunklen Ort lagern.

MEDITERRANES KRÄUTERÖL

1 Flasche (etwa 250 ml)
mindestens 2 Wochen Ziehen
etwa 3 Monate

1 Zweig Rosmarin
3 Zweige Thymian
2 Knoblauchzehen
250 ml Olivenöl
1 getrocknete rote Chilischote
½ TL schwarze Pfefferkörner
½ TL rosa Pfefferbeeren

1 – Rosmarin und Thymian waschen und gut trocken tupfen. Den Knoblauch schälen.

2 – Rosmarin, Thymian, Knoblauch, Olivenöl, Chilischote und beiden Pfeffersorten in eine saubere Flasche füllen. Das Öl in der verschlossenen Flasche mindestens 2 Wochen ziehen lassen.

3 – Die Kräuter und den Knoblauch aus der Flasche entfernen, die Chilischote und die Gewürze bleiben im Öl. Das Öl an einem kühlen, möglichst dunklen Ort aufbewahren.

BÄRLAUCHÖL

Die Bärlauch- und Pilzsaison ist kurz, deshalb nutze ich jede Gelegenheit und Zubereitungsmethode, um die Aromen der beiden Zutaten auch über die Saison hinaus zu konservieren. Besonders das Bärlauchöl friere ich in Eiswürfelformen ein und taue es dann bei Bedarf auf. Aber aufgepasst: Die Formen nehmen den Geschmack des Bärlauchs sehr schnell an! Ich verwende deshalb für Kräuteröle oder -butter immer die gleiche Form.

1 Glas + 1 Flasche (à etwa 250 ml)
etwa 3 Tage Ziehen
etwa 3 Monate

50 g Bärlauch
250 ml Rapsöl

1 – Den Bärlauch gründlich waschen und trockenschleudern, grobe Stiele entfernen. Die Blätter mit einem sehr scharfen Messer in feine Streifen schneiden und in das Glas geben. Mit dem Öl auffüllen und verschlossen bei Zimmertemperatur 3 Tage ziehen lassen.

2 – Das Öl durch ein feines Sieb gießen und in eine saubere Flasche umfüllen. Die Flasche verschließen und im Kühlschrank lagern.

WALDPILZÖL

1 Glas + 1 Flasche (à etwa 250 ml)
etwa 3 Wochen Ziehen
etwa 3 Monate

½ TL rote Kampot-Pfefferkörner
½ TL schwarze Pfefferkörner
20 g getrocknete Pilze (Pfifferlinge, Morcheln oder Steinpilze)
1 Muskatblüte
250 ml Rapsöl (oder Sonnenblumenöl)

1 – Beide Pfeffersorten in einem Mörser leicht andrücken, dann mit den übrigen Zutaten in ein Glas füllen. Das Glas verschließen und das Öl etwa 3 Wochen bei Zimmertemperatur ziehen lassen.

2 – Das Öl durch ein feines Sieb gießen und in eine saubere Flasche füllen. Die Flasche verschließen und im Kühlschrank lagern.

TIPP
Frieren Sie das Öl in kleinen Eiswürfelbehältern ein, so hält es sich länger.

SOMMER · SOMMER ·

AJVAR

Eine ganz wichtige und sehr vielseitige hausgemachte Grundzutat in meiner Küche ist Ajvar, das ich jedes Jahr in großen Mengen einkoche. Es ist eine hervorragende Alternative zu Tomatenmark und eignet sich zum Würzen vieler Gerichte. Ich koche das Ajvar in möglichst unterschiedlich großen Gläsern ein, um so für jede Zubereitung die passende Menge vorrätig zu haben.

3 Gläser (à etwa 200 ml)

3 Std. Kochen + 1 Std. Einkochen

mindestens 1 Jahr

1,5 kg rote Spitzpaprikaschoten
1 Aubergine
etwas Öl für die Paprikaschoten
½ Zwiebel
2 confierte Knoblauchzehen (s. S. 28; oder 4 frische, sehr fein gehackt)
500 ml Olivenöl
½ TL Zucker
½ TL Meersalz
1–2 EL *biber salçası* (milde Paprikapaste; nach Belieben)

1 – Den Grill des Backofens auf 250 °C vorheizen. Inzwischen Paprikaschoten und Aubergine waschen und gründlich trocken reiben. Die Aubergine rundherum mehrfach mit einer Gabel einstechen und auf ein Backblech legen. Die Paprikaschoten einölen und die Hälfte davon zu der Aubergine auf das Blech legen.

2 – Das Gemüse im Ofen (oberes Drittel) grillen, bis die Oberseite der Paprikaschoten schwarz geworden ist. Dann die Paprikaschoten einmal umdrehen, die Aubergine bekommt eine Vierteldrehung. Im Ofen weitergrillen, bis auch die andere Seite der Paprikaschoten geschwärzt ist.

3 – Nur die Paprikaschoten vom Blech nehmen, sofort in eine große Schüssel geben und mit einem Teller abdecken. Die restlichen Paprikaschoten und die Zwiebel mit der Schnittfläche nach oben auf das Backblech zur Aubergine legen. Die Aubergine wieder etwas drehen. Alles weitergrillen, bis die Paprikaschoten auf der Oberseite geschwärzt sind. Paprikaschoten und Zwiebel einmal umdrehen, Aubergine wieder nur etwas drehen. Weitergrillen, bis auch die andere Seite der Paprikas geschwärzt ist.

4 – Paprikaschoten und Zwiebel aus dem Ofen nehmen, in die Schüssel zu den anderen Schoten geben und sofort wieder abdecken. Ist die Aubergine bereits weich gegart, ebenfalls aus dem Ofen nehmen und mit in die Schüssel geben. Andernfalls im Ofen weitergrillen, bis sie weich ist. Das Gemüse in der Schüssel 1 Stunde schwitzen lassen.

5 – Die Haut der Paprikaschoten mithilfe eines spitzen Messers abziehen. Die Schoten

TIPP

Ist ein Glas geöffnet, gebe ich etwas Öl auf das Ajvar. So ist es luftdicht abgeschlossen und bleibt im Kühlschrank aufbewahrt länger haltbar.

längs aufschneiden und die Kerne herausschaben. Die Aubergine längs halbieren und das Fruchtfleisch aus der Schale herauskratzen. Das Fruchtfleisch der Zwiebel ebenfalls aus der Schale lösen.

6 – Paprikaschoten, Aubergine und Zwiebel (in dieser Reihenfolge) durch den Fleischwolf (grobe Scheibe) drehen oder grob pürieren. Den Knoblauch schälen.

7 – Durchgedrehtes Gemüse und Knoblauch mit Öl, Zucker und Salz in einem Topf verrühren und offen bei mittlerer Hitze mindestens 1–2 Stunden köcheln lassen. Dabei immer wieder umrühren, damit das Ajvar nicht ansetzt. Nach Belieben noch *biber salçası* hinzufügen. Das Ajvar in sterilisierte Gläser füllen. Die Gläser fest verschließen und das Ajvar 1 Stunde bei 100 °C einkochen (s. S. 9–10).

CIABATTA
MIT AJVAR-FETA-AUFSTRICH

Ich wandle dieses Ciabatta immer wieder auch gerne mit frischen oder getrockneten Kräutern ab, knete getrocknete Tomaten anstelle der Oliven in den Teig oder überbacke es mit Ajvar oder Caponata. Der Teig ist zwar etwas weich, mit etwas Übung lassen sich daraus aber auch sehr gut Ciabattabrötchen formen.

2 Brote + Aufstrich (etwa 6 Portionen)

2 Std. 35 Min. Gehen und Backen

Für die Ciabatta
½ Würfel Hefe (21 g)
1 TL Rapshonig (oder milder Honig)
500 g Mehl Type 550, plus mehr zum Arbeiten
12 g Salz
4–6 EL Olivenöl
75 g Kalamata-Oliven

1 – Hefe und Honig in einer Schüssel in 400 g kaltem Wasser auflösen. Die Mischung 15 Minuten ruhen lassen. Mehl, Salz und Oliven hinzufügen und alles grob verrühren, der Teig muss nicht glatt sein. Den Teig abgedeckt etwa 1 Stunde gehen lassen, bis sich das Volumen verdoppelt hat.

2 – Etwa 2–3 EL Öl in einem sehr dünnen Strahl am Schüsselrand einlaufen lassen und den Teig vorsichtig mit einem Silikonspatel von der Schüssel lösen. Den Teig mit beiden Händen an der vom Körper abgewandten Seite hochziehen, dass er sich gerade nicht komplett aus der Schüssel löst, und nach vorne umschlagen. Die Schüssel um 90 ° drehen und genauso verfahren. Den Teig auf diese Weise insgesamt viermal falten, dann mit dem Schluss nach unten drehen und abgedeckt 20 Minuten gehen lassen.

3 – Erneut 2–3 EL Öl am Schüsselrand einlaufen lassen und den Teig wie oben beschrieben viermal falten. Den Teig weitere 20 Minuten gehen lassen.

4 – Den Backofen auf 250 °C vorheizen. Die Arbeitsfläche gründlich bemehlen und den Teig vorsichtig darauf gleiten lassen. Vorsichtig etwas rechteckig auseinanderziehen und mit einem Messer oder einer Teigkarte einmal in der Mitte teilen.

5 – Zwei Backbleche mit Backpapier auslegen. Je eine Teigportion mit der Schnittfläche nach unten auf ein Blech legen, dabei darauf achten, die Luftblasen nicht zu zerdrücken.

6 – Ein Blech in den Ofen auf die unterste Schiene schieben und das Ciabatta 15 Minuten backen. Dann das Blech auf eine Schiene im oberen Ofendrittel schieben und das Ciabatta in 5 Minuten rundum braun fertig backen. Herausnehmen und im Anschluss das zweite Ciabatta ebenso backen.

AJVAR-FETA-AUFSTRICH

250 g weichen Feta mit 100 g Ajvar, frisch gemahlenem schwarzen Pfeffer, ¼ TL Piment d'Espelette und ½ TL Lemon Myrtle im Mixer glatt pürieren. Creme abschmecken.

GANZJÄHRIG · GANZJÄHRIG ·

BBQ-SAUCE

BBQ-Sauce ist ein unverzichtbarer Begleiter beim Grillen und Burgeressen, die Sauce eignet sich aber auch hervorragend als Glasur für Pulled Pork, Rippchen und andere BBQ-Gerichte (s. Tipp).

2 Flaschen (à etwa 350 ml)
45 Min. Kochen + 30 Min. Einkochen
mindestens 1 Jahr

400 g Tomatenketchup
75 g Apfelessig
70 g brauner Zucker
2 TL BBQ-Gewürzmischung
¼ TL Cayennepfeffer
¼ TL Liquid Smoke (nach Belieben)
Salz

1 – Tomatenketchup, Essig, Zucker, BBQ-Gewürz und Cayennepfeffer mit 200 g Wasser in einem Topf verrühren.

2 – Alles aufkochen und offen bei mittlerer Hitze etwa 45 Minuten köcheln lassen, bis die Sauce kräftig eingedickt ist. Die Sauce nach Belieben mit Liquid Smoke und je nach Geschmack mit etwas Salz abschmecken.

3 – Die Sauce noch einmal kräftig aufkochen lassen und in sterilisierte Flaschen füllen. Die Flaschen fest verschließen und die Sauce 30 Minuten bei 90 °C einkochen (s. S. 9–10).

TIPP

Für eine Glasur das Fleisch mit einem trockenen BBQ-Rub einreiben und 2 Stunden im Kühlschrank marinieren. Dann grillen, dabei für eine schöne Kruste gegen Ende der Grillzeit mit BBQ-Sauce bestreichen.

Quality -
REINE BORSTEN

CURRYKETCHUP

Dieser Curryketchup ist mein Alltagsketchup, den ich sowohl zu Pommes und Potato Wedges als auch zu Bratwurst oder einem hausgemachten Burger esse. Je nach Vorliebe, kann man ihn entweder nur leicht anpürieren und erhält so eine stückige Sauce oder man püriert ihn vollständig glatt.

2 Flaschen (à etwa 500 ml)

30 Min. Kochen + 30 Min. Einkochen

mindestens 1 Jahr

800 g Fleischtomaten
50 g Zwiebel
1 Knoblauchzehe
1 EL Rapsöl zum Anschwitzen
50 g Cidreessig (oder Apfelessig)
50 g Rapshonig (oder milder Honig)
1 TL grober Senf
1 EL englisches Currypulver (oder mildes Currypulver)
½ TL gemahlene Kurkuma
¼ TL Selleriesamen, fein gemörsert
½ TL Korianderkörner, gemörsert
Salz
frisch gemahlener schwarzer Pfeffer

1 – Die Tomaten kreuzweise an der Spitze einschneiden und 30 Sekunden in kochendem Wasser blanchieren. In Eiswasser abschrecken, dann die Haut abziehen und den Stielansatz herausschneiden. Das Tomatenfruchtfleisch in grobe Würfel schneiden. Zwiebel und Knoblauch schälen und in feine Würfel schneiden.

2 – Öl in einem Topf erhitzen und Zwiebel und Knoblauch darin glasig anschwitzen. Tomaten, Essig, Honig, Senf, Curry, Kurkuma, Selleriesamen und Koriander hinzufügen. Mit Salz und Pfeffer würzen, alles verrühren und mit schräg aufgelegtem Deckel bei mittlerer Hitze etwa 30 Minuten köcheln lassen.

3 – Die Tomatenmasse mit dem Stabmixer pürieren, bis die gewünschte Konsistenz erreicht ist. Den Ketchup eventuell nochmals abschmecken.

4 – Den Curryketchup in sterilisierte Flaschen füllen und 30 Minuten bei 90 °C einkochen (s. S. 9–10).

TEASPOON

HERBST · HERBST ·

PILZKETCHUP

Pilzketchup ist kein klassischer Ketchup auf Tomatenbasis, kann aber genauso verwendet werden. Er ist sehr würzig und hat eine kräftige Pilznote. Probieren Sie ihn auch zu Pellkartoffeln oder einem Stück kurzgebratenem Fleisch!

2 Gläser (à etwa 300 ml)
10 Min. Kochen + 1 Std. Einkochen
etwa 3 Monate

25 g Pfifferlinge, getrocknet (s. S. 16)
250 g braune Champignons
50 g Zwiebel
etwa 2 EL Olivenöl zum Anbraten
1 confierte Knoblauchzehe (s. S. 28; oder 1 frische Knoblauchzehe, sehr fein gewürfelt)
1 frisches Lorbeerblatt
½ TL frisch geriebene Muskatnuss
½ TL Lemon Myrtle (aus dem Gewürzhandel)
¼ TL Piment d'Espelette
frisch gemahlener schwarzer Pfeffer
1 TL Honig
Salz

1 – Die Pfifferlinge in einer Schüssel mit 200 g kochendem Wasser übergießen und 30 Minuten ziehen lassen.

2 – Inzwischen die Champignons putzen und mit einem Küchentuch trocken abreiben. Die Zwiebel schälen und in feine Würfel schneiden. Etwas Öl in einer Pfanne erhitzen und die Champignons darin bei starker Hitze rundherum anbraten. Die Zwiebelwürfel hinzufügen und glasig anschwitzen. Den Knoblauch dazugeben und leicht zerdrücken.

3 – Die Pfifferlinge mitsamt dem Wasser zur Champignonmischung in die Pfanne geben. Lorbeerblatt, Muskat, Lemon Myrtle, Piment d'Espelette, Pfeffer, Honig und Salz nach Geschmack unterrühren. Die Pilze mit geschlossenem Deckel bei mittlerer Hitze 10 Minuten köcheln lassen.

4 – Das Lorbeerblatt entfernen und die Pilzmischung im Mixer oder mit dem Stabmixer glatt pürieren.

5 – Den Pilzketchup in sterilisierte Gläser füllen. Die Gläser fest verschließen und den Pilzketchup 1 Stunde bei 100 °C einkochen (s. S. 9–10).

HERBST · HERBST ·

PFLAUMENKETCHUP

Ketchup muss nicht immer nur aus Tomaten hergestellt werden. Dieser Pflaumenketchup ist sehr aromatisch und fruchtig, aber auch für alle geeignet, die keine Tomaten vertragen. Verwenden Sie für diesen Ketchup unbedingt heimische Pflaumen oder Zwetschgen, denn diese haben deutlich mehr Aroma.

2 Flaschen (à etwa 290 ml)

50 Min. Kochen + 45 Min. Einkochen

etwa 1 Jahr

100 g rote Zwiebeln
500 g Pflaumen oder Zwetschgen, entsteint (von etwa 600 g Früchten)
1 EL Rapsöl zum Anschwitzen
1 confierte Knoblauchzehe (s. S. 28; oder 1 frische Knoblauchzehe, fein gewürfelt)
70 g Muscovadozucker (oder brauner Zucker)
70 g Weißweinessig
¼ TL Korianderkörner
½ TL gelbe Senfsamen
2 Pimentkörner
1 Sternanis
1 TL Worcestersauce
¼ TL Piment d'Espelette
Salz
frisch gemahlener schwarzer Pfeffer

1 – Die Zwiebeln schälen und in Streifen schneiden. Die Pflaumen oder Zwetschgen halbieren. Etwas Öl in einem Topf erhitzen und die Zwiebelstreifen glasig darin anschwitzen. Den Knoblauch unterrühren, dann die Pflaumen- oder Zwetschgenhälften hinzufügen und alles bei mittlerer Hitze etwa 5 Minuten köcheln lassen. Den Zucker unterrühren und 1 Minute karamellisieren, dann mit dem Essig ablöschen.

2 – Korianderkörner, Senfsamen, Pimentkörner und Sternanis zusammen in einen kleinen Teebeutel geben. Den Beutel zuknoten und in den Topf zum Ketchupansatz geben. Die Mischung mit schräg aufgelegtem Deckel bei mittlerer Hitze etwa 45 Minuten köcheln lassen, bis die Pflaumen zerfallen.

3 – Das Gewürzsäckchen entfernen. Die Fruchtmischung mit dem Stabmixer fein pürieren. Den Ketchup mit Worcestersauce und Piment d'Espelette würzen und mit Salz und Pfeffer abschmecken.

4 – Den Pflaumenketchup in sterilisierte Flaschen füllen. Die Flaschen verschließen und den Ketchup 45 Minuten bei 90 °C einkochen (s. S. 9–10).

SOMMER · SOMMER ·

SWEET CHILI SAUCE

Sweet Chili Sauce aus dem Asialaden ist mir oftmals deutlich zu süß, deshalb bereite ich mir diese Sauce gerne selbst zu. Um ein schmackhaftes Ergebnis zu erhalten, ist die Verwendung der richtigen Chilischote ganz wesentlich. Ich greife hier auf handelsübliche Supermarktware zurück, sogenannte Cayenne-Chilis. Die Schoten sind relativ mild und können in großer Menge in der Sauce verarbeitet werden.

2 Flaschen (à etwa 400 ml)
45 Min. Einkochen
etwa 6 Monate

200 g mittelscharfe rote Chilischoten
2 Knoblauchzehen
20 g Ingwer
250 g Reisessig
250 g Rohrohrzucker
½ TL Salz
2 TL Maisstärke

1 – Die Chilischoten waschen und die Stielansätze entfernen, dann die Schoten längs halbieren. Aus der Hälfte der Chilischoten die Kerne entfernen, die übrigen Schoten mit Kernen weiterverarbeiten. Knoblauch und Ingwer schälen, beides in kleine Stücke schneiden.

2 – Alle Zutaten bis auf die Stärke in einem Mixer fein pürieren. Das Püree in einem Topf zum Kochen bringen.

3 – Inzwischen die Stärke mit 3 EL kaltem Wasser glatt rühren. Die Stärkemischung in die kochende Chilisauce geben und einige Minuten köcheln und eindicken lassen.

4 – Die Chilisauce in sterilisierte Flaschen füllen. Die Flaschen fest verschließen und die Sweet Chili Sauce 45 Minuten bei 90 °C einkochen (s. S. 9–10).

SWEET
CHILI SAUCE

FRÜHLINGSROLLEN
MIT SWEET CHILI SAUCE

Ich friere diese Frühlingsrollen gerne auf Vorrat ein. Dazu bereite ich sie vollständig vor, lege die Rollen nebeneinander auf ein Blech und friere sie dann ein. Sobald sie durchgefroren sind, fülle ich sie in Gefrierbeutel oder -boxen um. Zum Frittieren gebe ich die gefrorenen Frühlingsrollen direkt in das Fett und backe sie goldbraun aus.

etwa 20 Stück

1 Packung TK-Frühlingsrollenblätter (550 g, 21,5 × 21,5 cm)
100 g Shiitakepilze
150 g Karotten
100 g Frühlingszwiebeln
100 g Sojasprossen
2 EL Erdnussöl zum Anbraten
400 g Schweinehackfleisch
2 EL geröstetes Sesamöl
1 EL Ingwer, fein gewürfelt
1 TL Knoblauch, fein gewürfelt
3 EL helle Sojasauce
2 TL Fischsauce
Salz
frisch gemahlener schwarzer Pfeffer
2 EL Koriandergrün, fein gehackt

Außerdem
1 l Frittieröl
Sweet Chili Sauce zum Dippen (s. S. 124)

1 – Die Frühlingsrollenblätter in der geschlossenen Packung bei Zimmertemperatur auftauen lassen.

2 – Inzwischen die Pilze putzen, mit einem Küchentuch abreiben und fein würfeln. Die Karotten waschen, putzen, schälen und in feine Streifen schneiden. Die Frühlingszwiebeln waschen, putzen und in feine Ringe schneiden. Die Sprossen in einem Sieb kalt abbrausen und abtropfen lassen.

3 – 1 EL Erdnussöl in einer Pfanne erhitzen und das Hackfleisch darin bei mittlerer bis starker Hitze knusprig anbraten. Herausnehmen und auf einem Teller beiseitestellen. Das restliche Erdnussöl (1 EL) und das Sesamöl in die Pfanne geben und Ingwer sowie Knoblauch leicht darin anschwitzen. Pilze und Karotten dazugeben und einige Minuten andünsten. Frühlingszwiebeln, Sprossen, Hackfleisch, Soja- und Fischsauce unterrühren. Alles einige Minuten bei mittlerer Hitze schmoren, dann nach Geschmack mit Salz und Pfeffer würzen. Zum Schluss das Koriandergrün unterheben. Die Masse in eine Schüssel umfüllen und abkühlen lassen.

4 – Aus den Teigblättern und der Füllung nach und nach Frühlingsrollen herstellen. Dazu je 1 Teigblatt aus der Packung nehmen und mit einer Ecke zum Körper auf die Arbeitsplatte legen. 1 gehäuften EL Füllung

im unteren Drittel des Blattes längs verteilen. Das Blatt von unten aufrollen, dabei die Seiten einschlagen. Die obere Spitze mit etwas Wasser befeuchten und leicht andrücken.

5 – Das Frittieröl in einem hohen Topf oder einer Fritteuse auf 180 °C erhitzen und die Frühlingsrollen darin portionsweise in je etwa 5 Minuten goldbraun frittieren. Fertige Frühlingsrollen auf Küchenpapier abtropfen lassen. Mit Sweet Chili Sauce servieren.

6 – Alternativ die Rollen im Backofen zubereiten: Dazu die Füllung einige Minuten in einem Sieb abtropfen lassen. Backofen auf 200 °C vorheizen. Teigblätter wie beschrieben füllen. Rollen mit etwas neutralem Öl bestreichen und auf einem Backblech im Ofen (Mitte) 15–20 Minuten braun backen.

HERBST · HERBST ·

APFEL-MEERRETTICH

Äpfel koche ich nicht nur zu einem klassischen Apfelmus ein, sondern sie schmecken ebenfalls scharf abgeschmeckt mit einer großzügigen Portion Meerrettich. Dieser fruchtig-scharfe Apfel-Meerrettich schmeckt hervorragend zu einem saftigen Braten oder einer Käseplatte.

4 Gläser (à etwa 140 ml)
30 Min. Kochen + 30 Min. Einkochen
etwa 6 Monate

550 g Äpfel (Sorte nach Belieben)
50 g Rapshonig (oder milder Honig)
70 g Apfelessig
½ TL Salz
40 g Meerrettich

1 – Die Äpfel schälen und vierteln, die Kerngehäuse herausschneiden. Die Apfelstücke mit dem Honig in einem Topf zum Kochen bringen.

2 – Essig und Salz hinzufügen und alles bei mittlerer Hitze etwa 30 Minuten köcheln lassen, bis die Äpfel weitestgehend zerfallen sind – es dürfen aber noch Stückchen vorhanden sein.

3 – In der Zwischenzeit den Meerrettich schälen und möglichst fein reiben. Den Meerrettich unter das Apfelmus rühren.

4 – Den Apfel-Meerrettich in sterilisierte Gläser füllen. Die Gläser verschließen und den Apfel-Meerrettich 30 Minuten bei 90 °C einkochen (s. S 9–10).

TIPP

Um die ätherischen Öle des Meerrettichs freizusetzen und sein volles Aroma zu entfalten, sollte er möglichst fein gerieben werden.

PASSATA
AUS OFENGERÖSTETEN TOMATEN

Durch das Rösten der Tomaten im Backofen wird diese Sauce ganz besonders aromatisch und braucht nur noch mit einem Stampfer angedrückt zu werden. Als Grundsauce schmeckt sie sowohl zu Nudeln als auch auf Pizza oder zu einem gegrillten Stück Fleisch.

2 Gläser (à etwa 290 ml)

1 Std. Rösten + 1 Std. Einkochen

mindestens 1 Jahr

2 kg Romatomaten
3 Knoblauchzehen
5 Zweige Thymian
etwa 4 EL Olivenöl
Salz
frisch gemahlener schwarzer Pfeffer
1 TL Rohrohrzucker

1 – Aus den Tomaten den Strunk jeweils mit einem spitzen Messer herausschneiden. Die Tomaten kreuzweise an der Spitze einschneiden. Die Tomaten in kochendem Wasser 20 Sekunden blanchieren, dann in Eiswasser abschrecken. Die Haut der Tomaten mithilfe eines spitzen Messers abziehen, die Tomaten jeweils vierteln. Den Knoblauch schälen und fein hacken. Den Thymian waschen. Den Backofen auf 180 °C vorheizen.

2 – Tomaten, Knoblauch und Thymian auf einem Backblech verteilen. Mit Öl beträufeln, salzen, pfeffern und mit dem Zucker bestreuen. Dann im Ofen (Mitte) 45–60 Minuten rösten, bis die Tomaten zerfallen. Tomatenmasse in einen Topf geben und mit einem Kartoffelstampfer zerdrücken, sodass noch Stücke vorhanden sind. Nochmals mit Salz und Pfeffer abschmecken.

3 – Passata in sterilisierte Gläser füllen und 1 Stunde bei 100 °C einkochen (s. S. 9–10).

TIPP

Wenn Sie die Passata in einem Mixer fein pürieren, erhalten Sie eine herrliche Tomatensauce, die entweder pur oder mit einem Schuss Sahne serviert werden kann.

CAST IRON PAN PIZZA

Ich habe viele Zubereitungsmethoden für Pizza ausprobiert, das beste Ergebnis habe ich aber mit einer gusseisernen Pfanne erzielt. Der Boden wird in dieser Pfanne besonders knusprig und zugleich locker und luftig. Da die Pfanne vor dem Backen auf höchster Stufe vorgeheizt wird, braucht die Pizza nur wenige Minuten, bis sie durchgebacken ist. Als besonderen Clou beträufle ich sie mit etwas Knoblauchhonig, das verleiht dem Belag eine sehr angenehme Süße.

2 Pizzen (à etwa 30 cm Ø)

1 Tag Gehen + etwa 16 Min. Backen

Für den Teig
1 g Trockenhefe
1 TL Rapshonig (oder milder Honig)
450 g Mehl, plus mehr zum Arbeiten
50 g Hartweizenmehl
11 g Salz

Für den Belag
2 Handvoll braune Champignons
Salz
frisch gemahlener schwarzer Pfeffer
300 ml Passata aus ofengerösteten Tomaten (s. S. 130)
2 Kugeln Mozzarella (à 125 g)
50 g Parmesan, frisch gerieben
60 g dünne Scheiben Fenchelsalami
Olivenöl zum Beträufeln
2 Handvoll Rucola
Knoblauchhonig zum Beträufeln (s. S. 86)

1 – Für den Teig Hefe, Honig und 340 g kaltes Wasser in einer Schüssel verrühren und einige Minuten stehen lassen, bis sich die Hefe vollständig aufgelöst hat. Beide Mehlsorten und das Salz in einer Schüssel mischen. Das Hefewasser zur Mehlmischung geben und einige Minuten zu einem glatten Teig verkneten. Den Teig abgedeckt 24 Stunden im Kühlschrank gehen lassen.

2 – Den Teig aus dem Kühlschrank nehmen und Zimmertemperatur annehmen lassen. Dann halbieren, jede Hälfte zu einer Kugel formen und diese abgedeckt 15 Minuten entspannen lassen. Inzwischen für den Belag die Champignons putzen, mit einem Küchentuch abreiben und in dünne Scheiben schneiden. Eine gusseiserne Pfanne (etwa 30 cm Ø) in den Backofen (2. Schiene von unten) stellen. Den Backofen auf höchster Stufe (Ober- und Unterhitze) vorheizen.

3 – Eine Teigkugel auf der gut bemehlten Arbeitsfläche in Größe der Pfanne ausziehen. Oberseite etwas salzen und pfeffern. Pfanne aus dem Ofen nehmen (Ofentür schließen), Teig hineinlegen und bis zum Rand mit der Hälfte der Passata bestreichen. 1 Kugel Mozzarella zerzupfen und darauf verteilen.

Je die Hälfte des Parmesans, der Salami und der Champignons darauf verteilen. Mit etwas Öl beträufeln, dabei auch Öl zwischen Pizzarand und Pfanne laufen lassen. Pizza etwa 8 Minuten backen. Inzwischen Rucola verlesen und waschen, grobe Stiele abzupfen.

4 – Die Pizza aus dem Ofen nehmen, mit etwas Knoblauchhonig beträufeln und mit der Hälfte des Rucolas belegen. Sofort servieren. Aus der zweiten Teigkugel und den übrigen Belagzutaten auf die gleiche Weise eine Pizza zubereiten und backen.

TIPP

Direkt nach der Zubereitung schmeckt Senf fast ausschließlich scharf. Diese Schärfe wird erst in der Ruhephase abgebaut, während der sich dann auch das volle Aroma entwickelt.

HERBST · HERBST

APFELSENF

Senf zu Hause selbst herzustellen ist einfacher, als man es vielleicht vermutet. Man benötigt dazu nur einen guten Mixer, der die Senfsamen möglichst fein zerkleinert, und einige Wochen Zeit, denn der Senf braucht rund 4 Wochen, bis er sein volles Aroma entwickelt hat.

3 Gläser (à etwa 200 ml)
2 Tage Ziehen + 4 Wochen Reifen
etwa 1 Jahr

120 g gelbe Senfsamen
30 g braune Senfsamen
250 g Apfelsaft
100 g Cidreessig (oder Apfelessig)
½ TL Salz
60 g Rapshonig (oder milder Honig)

1 – Senfsamen, Apfelsaft und Essig in ein Glas geben und verschlossen 2 Tage bei Zimmertemperatur ziehen lassen.

2 – Senfmischung mit Salz und Honig in einem Mixer pürieren, bis die gewünschte Konsistenz erreicht ist.

3 – Den Senf in saubere Gläser füllen und etwa 4 Wochen bei Zimmertemperatur reifen lassen. Angebrochene Gläser im Kühlschrank aufbewahren.

GANZJÄHRIG · GANZJÄHRIG

ESTRAGONSENF

3 Gläser (à etwa 300 ml)
2 Tage Ziehen + 4 Wochen Reifen
etwa 1 Jahr

150 g gelbe Senfsamen
250 g Weißwein
100 g Weißweinessig
3 EL getrockneter Estragon
½ TL Salz
60 g Rapshonig (oder milder Honig)

1 – Senfsamen, Wein und Essig in ein Glas geben und verschlossen 2 Tage bei Zimmertemperatur ziehen lassen.

2 – Die Senfmischung mit Estragon, Salz und Honig im Mixer pürieren, bis die gewünschte Konsistenz erreicht ist.

3 – Den Estragonsenf in saubere Gläser füllen, verschließen und etwa 4 Wochen bei Zimmertemperatur reifen lassen. Angebrochene Gläser im Kühlschrank aufbewahren.

FRÜHLING · FRÜHLING ·

WALDMEISTERSIRUP

Damit Waldmeister sein volles Aroma entwickelt, ist es unbedingt erforderlich, dass er vor der Verarbeitung anwelkt. Ich hänge ihn dazu 1 Tag an einer Leine auf und verarbeite ihn dann erst weiter.

1 Glas (etwa 1 l) + 2 Flaschen (à etwa 450 ml)

1 Tag Welken + 12 Std. Ziehen + 30 Min. Einkochen

etwa 1 Jahr

30 g frischer Waldmeister
500 g Traubensaft
2 EL frisch gepresster Zitronensaft
350 g Zucker

1 – Den Waldmeister waschen, gründlich trocken schleudern und 12–24 Stunden bei Zimmertemperatur anwelken lassen.

2 – Den Waldmeister in ein großes Glas geben und mit dem Traubensaft übergießen. Den Zitronensaft dazugeben und die Mischung 12 Stunden ziehen lassen.

3 – Die Flüssigkeit durch ein Sieb in einen großen Topf gießen. Den Zucker hinzufügen, alles aufkochen und bei mittlerer Hitze 5 Minuten köcheln lassen.

4 – Die Flüssigkeit kochend heiß in sterilisierte Flaschen füllen und diese sofort verschließen. Zur dauerhaften Haltbarmachung den Sirup 30 Minuten bei 90 °C einkochen (s. S. 9–10).

KOMBITIPP

Der Sirup eignet sich sehr gut als Basis für eine erfrischende Waldmeisterbowle.

RHABARBERSIRUP

4 Flaschen (à etwa 400 ml)

20 Min. Kochen + 30 Min. Einkochen

etwa 1 Jahr

500 g Rhabarber
75 g Himbeeren
50 g Zitronensaft
500 g Zucker

1 – Den Rhabarber waschen, putzen und schälen. Die Stangen in grobe Stücke schneiden. Die Himbeeren verlesen und in einem Sieb vorsichtig abbrausen.

2 – Rhabarber und Himbeeren mit Zitronensaft, Zucker und 600 g Wasser in einem großen Topf aufkochen und zugedeckt bei mittlerer Hitze etwa 20 Minuten köcheln lassen, bis der Rhabarber zerfallen ist.

3 – Die Mischung durch ein feines Sieb in einen Topf streichen. Den Sirup nochmals aufkochen und in sterilisierte Flaschen füllen. Die Flaschen fest verschließen und den Sirup 30 Minuten bei 90 °C einkochen (s. S. 9–10).

FRÜHLING · FRÜHLING ·

HOLUNDERBLÜTENSIRUP

Holunderblüten findet man zur Blütezeit an vielen Feldwegen und sogar in Parks. Ich pflücke die Blüten bevorzugt nach einer längeren Sonnenphase, da sie dann besonders viele Pollen tragen und dadurch viel Aroma abgeben. Verwenden Sie möglichst ausschließlich Blüten, die frei von Verunreinigungen sind – diese müssen Sie nicht waschen, wodurch wertvoller Blütenstaub verloren ginge.

1 Glas (etwa 4 l) + 5 Flaschen (à etwa 500 ml)

3 Tage Ziehen + 30 Min. Einkochen

etwa 1 Jahr

1,2 kg Zucker
30 Holunderblütendolden
2 Bio-Zitronen

1 – Den Zucker in einem Topf mit 2,5 kg Wasser zum Kochen bringen und rühren, bis der Zucker vollständig aufgelöst ist. Beiseitestellen und abkühlen lassen.

2 – Inzwischen die Holunderblüten verlesen, dabei eventuell vorhandene Insekten entfernen und die grünen Stiele abschneiden. 1 Zitrone heiß waschen, trocken reiben und in Scheiben schneiden. Die zweite Zitrone quer halbieren und den Saft auspressen.

3 – Die Holunderblüten mit Zitronenscheiben und -saft in ein großes Glas geben und mit dem abgekühlten Zuckersirup übergießen. Mindestens 3 Tage an einem kühlen Ort ziehen lassen.

4 – Die Holunderblütenmischung durch ein sehr feines Sieb gießen. Den Sirup in sterilisierte Flaschen füllen. Die Flaschen fest verschließen und den Sirup 30 Minuten bei 90 °C einkochen (s. S. 9–10).

KOMBITIPP

Aufgegossen mit Prosecco, 1 Spritzer Limettensaft und etwas Minze wird aus dem Sirup ein erfrischender Cocktail!

HOLUNDERBLÜTEN-GRANITÉ

Sirup eignet sich hervorragend zur Herstellung von Granités oder Sorbets. Durch den Alkoholgehalt gefriert die Flüssigkeit im Gefrierschrank nicht vollständig, sondern lässt sich noch verrühren und sogar in Kugelform bringen. Wenn vorhanden, kann man zur Zubereitung natürlich auch eine Eismaschine nutzen, darin wird die Masse besonders cremig gerührt und man erhält ein herrlich erfrischendes Sorbet.

6 Portionen

mindestens 14 Std. Gefrieren

400 g Holunderblütensirup (s. S. 140)
250 g Prosecco
2 EL Zitronensaft

1 – Alle Zutaten in einem Krug verrühren. Die Mischung in eine möglichst breite, gefriergeeignete Form umfüllen und im Tiefkühlfach etwa 2 Stunden anfrieren.

2 – Die angefrorene Masse mit einer Gabel auflockern, zurück ins Tiefkühlfach stellen und 1 Stunde gefrieren. Diesen Vorgang insgesamt viermal wiederholen. Dann das Granité mindestens 8 Stunden durchfrieren lassen, am besten über Nacht.

3 – Vor dem Servieren das Granité mit einer Gabel von der Form lösen und mit einem Schneebesen durchrühren (ein Kartoffelstampfer funktioniert auch sehr gut). Das Granité sofort servieren.

SOMMER · SOMMER ·

ERDBEERSIRUP

4 Flaschen (à etwa 450 ml)
15 Min. Kochen + 30 Min. Einkochen
etwa 1 Jahr

1 kg Erdbeeren
500 g Zucker
100 g frisch gepresster Zitronensaft
(von etwa 2 Zitronen)

1 – Die Erdbeeren waschen, putzen und in einem Mixer fein pürieren. Das Püree durch ein feines Sieb in einen Topf passieren, um die Nüsschen herauszusieben.

2 – Zucker, Zitronensaft und 250 g Wasser zum Erdbeerpüree in den Topf geben. Alles verrühren, aufkochen und bei mittlerer Hitze etwa 15 Minuten köcheln lassen.

3 – Den Sirup in sterilisierte Flaschen füllen. Die Flaschen fest verschließen und den Sirup 30 Minuten bei 90 °C einkochen (s. S. 9–10).

TIPP

Wenn der Sirup etwas länger kocht, bekommt er eine dickflüssigere Konsistenz und eignet sich hervorragend als Dessertsauce.

GANZJÄHRIG · GANZJÄHRIG ·

BASIL LEMON SQUASH

Ich verleihe Sirup durch die Zugabe von Kräutern gerne eine besondere Note, in diesem Fall harmoniert das Basilikum ausgezeichnet mit der Zitrone. Deren Säure gibt dem Sirup eine angenehme Frische.

2 Flaschen (à etwa 425 ml)

1 Std. Ziehen + 30 Min. Einkochen

etwa 1 Jahr

250 g Zitronensaft (von etwa 5 Zitronen)
300 g Zucker
1 Topf Basilikum
(oder 1 großes Bund Basililkum)

1 – Zitronensaft und Zucker mit 300 g Wasser in einem großen Topf aufkochen und köcheln lassen, bis sich der Zucker vollständig aufgelöst hat.

2 – Das Basilikum mit den Stielen abschneiden, waschen, trocken schütteln und in den Sirup geben. Den Topf von der Herdplatte ziehen und den Sirup 1 Stunde ziehen lassen.

3 – Den Sirup durch ein feines Sieb gießen und in sterilisierte Flaschen füllen. Die Flaschen fest verschließen und den Sirup 30 Minuten bei 90 °C einkochen (s. S. 9–10).

HIMBEER-SAHNE-LIKÖR

Eine wunderbare Geschenkidee ist dieser Himbeer-Sahne-Likör, der nicht nur aufgrund seiner knalligen Farbe ordentlich was hermacht. Er ist schnell und einfach zubereitet und ergibt zusammen mit hausgemachtem Öl, Senf oder Essig verpackt einen besonders schönen kulinarischen Präsentkorb.

4 Flaschen (à etwa 300 ml)

sofort verwendbar

gekühlt mindestens 4 Wochen

600 g Sahne
150 g Zucker
¼ Tonkabohne, fein gerieben
500 g Himbeeren
250 g Wodka

1 – Die Sahne mit dem Zucker und der Tonkabohne in einem Topf zum Kochen bringen und rühren, bis sich der Zucker vollständig aufgelöst hat. Beiseitestellen und abkühlen lassen. Inzwischen die Himbeeren verlesen und in einem Sieb abbrausen, dann vorsichtig trocken tupfen.

2 – Die Himbeeren fein pürieren und durch ein feines Sieb passieren. Es sollte etwa 300 g Himbeermark übrig bleiben. Das Himbeermark mit der Sahnemischung und dem Wodka verrühren. Dann den Likör in sterilisierte Flaschen füllen und im Kühlschrank aufbewahren.

KOMBITIPP

Limoncello schmeckt pur am besten eisgekühlt. Er eignet sich auch gut zum Aromatisieren von Desserts und Gebäck, z. B. Tiramisu oder Eis.

FRÜHLING · FRÜHLING ·

LIMONCELLO

Limoncello ist ein italienischer Zitronenlikör, der traditionell mit der Schale der Amalfi-Zitronen zubereitet wird. Diese Zitronenart ist besonders aromatisch und lässt sich in diesem Fall nicht verlustfrei ersetzen. Fragen Sie Ihren Gemüsehändler, ob er Ihnen im Frühjahr diese besonderen Zitronen bestellen kann!

1 Glas (etwa 1 l) + 5 Flaschen (à 250 ml)
4–6 Wochen Ziehen
mindestens 1 Jahr

5 große Bio-Amalfi-Zitronen
500 g 96%iger Alkohol (aus dem Spirituosenhandel oder der Apotheke)
200 g Zucker

1 – Die Zitronen heiß waschen und trocken reiben. Die Schale mit einem Sparschäler möglichst dünn abschälen, sodass so wenig Weißes wie möglich daran verbleibt.

2 – Die Schalen in ein fest verschließbares Glas füllen und mit dem Alkohol übergießen. Mindestens 4 Wochen bei Zimmertemperatur ziehen lassen.

3 – Nach 4 Wochen ein Stückchen Zitronenschale herausnehmen und biegen. Zerbricht das Stückchen, kann der Limoncelloansatz weiterverarbeitet werden. Ist es noch flexibel, den Ansatz 1–2 Wochen weiterziehen lassen.

4 – Den Zucker mit 550 g Wasser in einem Topf aufkochen und bei mittlerer Hitze köcheln lassen, bis sich der Zucker vollständig aufgelöst hat. Den Sirup abkühlen lassen.

5 – Den Limoncelloansatz durch ein Sieb gießen und mit der Zuckerlösung vermischen. Den Limoncello in Flaschen füllen.

TIPP

Aus dem übrigen Zitronensaft bereite ich gerne einen Basil Lemon Squash (s. S. 146) zu.

6

AUFSTRICHE & KOMPOTT

SOMMER · SOMMER ·

ERDBEERKONFITÜRE

5 Gläser (à etwa 300 ml)

1 Tag Ziehen + 10 Min. Einkochen

etwa 1 Jahr

1 kg vollreife Erdbeeren
500 g Gelierzucker 2:1
Saft von 1 Zitrone (nach Bedarf)

1 – Die Erdbeeren putzen, waschen und halbieren. Mit dem Zucker in einer Schüssel verrühren, abgedeckt 1 Tag ziehen lassen.

2 – Die Erdbeermasse in einem Topf langsam zum Kochen bringen und unter Rühren 3 Minuten sprudelnd kochen. Dann eine Gelierprobe machen. Dafür 1 TL Konfitüre auf einen gekühlten Teller geben. Wenn die Konfitüre nach 1–2 Minuten sichtbar eingedickt ist, kann sie abgefüllt werden. Andernfalls noch 2–3 Minuten köcheln lassen. Zusätzlich kann zum Erhöhen der Gelierfähigkeit der Saft von 1 Zitrone hinzugefügt werden.

3 – Die Konfitüre in sterilisierte Gläser füllen und diese sofort verschließen. Die Konfitüre 10 Minuten bei 90 °C einkochen (s. S. 9–10).

SOMMER

HIMBEER-LIMETTEN-KONFITÜRE

5 Gläser (à etwa 300 ml)

10 Min. Einkochen

etwa 1 Jahr

500 g Himbeeren
1 Bio-Limette
250 g Gelierzucker 2:1

1 – Die Himbeeren verlesen und vorsichtig in einem Sieb abbrausen. Die Limette heiß waschen und trocken reiben, die Schale fein abreiben und den Saft auspressen.

2 – Die Himbeeren und den Limettensaft mit dem Gelierzucker in einem großen Topf langsam zum Kochen bringen und unter Rühren 3 Minuten sprudelnd kochen. Dann die Limettenschale unterrühren und alles noch einmal aufkochen. Eine Gelierprobe (s. S. 154) machen.

3 – Die Himbeermasse in sterilisierte Gläser füllen. Die Gläser sofort verschließen und die Konfitüre 10 Minuten bei 90 °C einkochen (s. S. 9–10).

JOHANNISBEER-PROSECCO-GELEE

5 Gläser (à etwa 300 ml)
10 Min. Kochen +10 Min. Einkochen
etwa 1 Jahr

1 kg Johannisbeeren
200 g Prosecco
350 g Gelierzucker 2:1

1 – Die Johannisbeeren waschen. Die Beeren von den Stielen streifen, mit 100 g Wasser in einem Topf aufkochen und bei mittlerer Hitze 10 Minuten köcheln lassen. Wenn vorhanden, mit einem Kartoffelstampfer leicht zerdrücken (nicht unbedingt nötig).

2 – Ein Sieb mit einem Mull- oder Passiertuch auslegen, die Beeren hineingeben und vollständig abtropfen lassen. 500 g Saft abwiegen und zusammen mit Prosecco und Gelierzucker in einen großen Topf geben. Zum Kochen bringen und unter Rühren 3 Minuten sprudelnd kochen lassen.

3 – Eine Gelierprobe machen (s. S. 154). Die Konfitüre in sterilisierte Gläser füllen. Sofort verschließen und 10 Minuten bei 90 °C einkochen (s. S. 9–10).

APRIKOSENKONFITÜRE

Am besten gelingt diese Konfitüre, wenn die Aprikosen sehr reif und weich sind. Sie sind dann besonders süß und haben ein kräftiges Aroma.

5 Gläser (à etwa 300 ml)
1 Tag Ziehen + 10 Min. Einkochen
etwa 1 Jahr

1 kg Aprikosen
500 g Gelierzucker 2:1
2 EL sehr fein gehackte Zitronenmelisse

1 – Die Aprikosen waschen, vierteln und entsteinen. Mit dem Gelierzucker in einem großen Topf verrühren und 1 Tag ziehen lassen.

2 – Mischung langsam zum Kochen bringen und unter Rühren 3 Minuten sprudelnd kochen. Die Melisse einrühren, einmal aufkochen. Gelierprobe machen (s. S. 154). In sterilisierte Gläser füllen, sofort verschließen. 10 Minuten bei 90 °C einkochen (s. S. 9–10).

TIPP

Für die Zubereitung des Curds benötigen Sie ein Küchenthermometer, um die Temperatur beim Rühren überprüfen zu können.

BROMBEER-ROSMARIN-CURD

Curd ist eine britische Spezialität aus Fruchtsaft oder -püree, Eiern, Butter und Zucker. Alle Zutaten werden so lange über dem heißen Wasserbad aufgeschlagen, bis eine cremige Masse entstanden ist. Klassisch wird Curd als Aufstrich zum Frühstück oder Nachmittagstee gereicht, er schmeckt aber auch als Kuchen-, Keks- oder Pralinenfüllung.

4 Gläser (à etwa 270 ml)
30 Min. Ziehen
gekühlt maximal 4 Wochen

500 g Brombeeren
2 Zweige Rosmarin
4 TL Limettensaft
160 g Zucker
200 g Butter
2 sehr frische Eigelb (M)
4 sehr frische Eier (M)

1 – Die Brombeeren verlesen und in einem Sieb vorsichtig abbrausen. Mit Rosmarin und Limettensaft in einem Topf zum Kochen bringen und unter Rühren bei schwacher Hitze 5 Minuten köcheln lassen. Von der Herdplatte ziehen und 30 Minuten ziehen lassen. Wenn vorhanden, Beeren mit einem Kartoffelstampfer leicht zerdrücken.

2 – Ein Sieb mit einem Mull- oder Passiertuch auslegen, die Beeren hineingeben und vollständig abtropfen lassen. 250 g Brombeersaft abwiegen und mit dem Zucker und der Butter in einer Metallschüssel über dem Wasserbad unter Rühren erhitzen, bis die Butter geschmolzen ist. Dann die Eigelbe und die Eier nach und nach unter ständigem Rühren dazugeben. Dabei darauf achten, dass das Wasser nicht zu heiß wird, da sonst die Eier stocken. Die Wassertemperatur sollte nicht über 60 °C liegen.

3 – Mit dem Schneebesen oder dem Handrührgerät so lange rühren und sanft erhitzen, bis die Masse andickt, schaumig ist und die Temperatur bei 82 °C liegt. Das dauert mit dem Mixer 10–15 Minuten, mit dem Schneebesen entsprechend länger.

4 – Das Curd sofort in sterilisierte Gläser füllen und gut verschließen. Abkühlen lassen und anschließend im Kühlschrank lagern.

BAISER-BISKUITROLLE
MIT BROMBEER-ROSMARIN-CURD

Biskuitrollen sehen kompliziert aus, tatsächlich sind sie aber sehr einfach in der Zubereitung. Gerade im Sommer bereite ich aus jeder Beerenart Biskuitrollen zu. Wenn die Biskuitrolle ohne Baiser serviert werden soll, bestäuben Sie die fertige Rolle einfach mit etwas Puderzucker.

etwa 10 Stücke

Für den Biskuit
4 Eier (M)
1 Eigelb (M)
80 g Zucker
½ TL Salz
80 g Mehl
½ TL Backpulver
etwas Puderzucker

Für die Füllung
7 Blatt weiße Gelatine
300 g gut gekühlte Sahne
50 g Puderzucker
Saft von ½ Limette
200 g Brombeer-Rosmarin-Curd (s. S. 161)

Für das Baiser
2 sehr frische Eiweiß (M)
100 g Zucker

1 – Für den Biskuit ein Backblech mit Backpapier auslegen. Den Backofen auf 200 °C vorheizen. Die Eier mit Eigelb, Zucker und Salz in der Küchenmaschine auf höchster Stufe mehrere Minuten schaumig rühren, bis sich der Zucker komplett aufgelöst und sich das Volumen der Masse vervielfacht hat. Das Mehl mit dem Backpulver mischen und vorsichtig mit einem Schneebesen unter die Schaummasse heben.

2 – Den Teig auf das Backpapier geben und gleichmäßig glatt streichen, am besten mit einer Winkelpalette. Den Biskuit im Ofen (Mitte) 10 Minuten backen. Inzwischen ein sauberes Küchentuch auf der Arbeitsfläche ausbreiten und mit Puderzucker bestreuen.

3 – Das Blech aus dem Ofen nehmen und die Biskuitplatte kopfüber auf das bezuckerte Tuch stürzen. Das Backpapier mit einem feuchten Küchenpapier bestreichen, dann vorsichtig vom Biskuit lösen und abziehen. Den Biskuit mitsamt dem Küchentuch von der langen Seite her aufrollen, dann vollständig auskühlen lassen.

4 – Inzwischen für die Füllung die Gelatine in einer Schüssel in kaltem Wasser 10 Minuten einweichen. Die Sahne mit dem Zucker nicht ganz steif schlagen und kalt stellen. Die Gelatine mit der Hand gut ausdrücken, zusammen mit dem Limettensaft in einen Topf geben und bei schwacher Hitze unter Rühren auflösen. 1 EL Sahne unterrühren.

5 – Die Gelatinemischung unter ständigem Rühren zur Sahne geben und weiterschlagen, bis die Sahne steif ist. Zum Schluss das Brombeer-Rosmarin-Curd unterheben. Die Creme 5 Minuten kalt stellen, bis sie zu gelieren beginnt (nicht länger, sonst wird die Creme zum Verstreichen zu fest).

6 – Die ausgekühlte Biskuitplatte vorsichtig entrollen und mit der Brombeer-Curd-Sahne bestreichen. Erneut vorsichtig aufrollen, mit dem Schluss nach unten auf eine Kuchenplatte setzen und etwa 2 Stunden kalt stellen.

7 – Für das Baiser die Eiweiße mit dem Zucker in einer Metallschüssel über dem heißen Wasserbad mit den Quirlen des Handrührgeräts etwa 3 Minuten aufschlagen. Die Schüssel vom Wasserbad nehmen und die Baisermasse 6 Minuten weiterschlagen, bis sie dick und glänzend ist.

8 – Das Baiser auf die Biskuitrolle streichen (am besten mit einer Palette) und mit einem Löffel kleine Spitzen herausziehen. Zum Schluss mit einem Crème-brûlee-Brenner abflämmen und leicht bräunen.

KIRSCH-BALSAM-KONFITÜRE

4 Gläser (à etwa 370 ml)

1 Tag Ziehen + 10 Min. Einkochen

etwa 1 Jahr

1 kg Sauerkirschen (z. B. Schattenmorellen)
500 g Gelierzucker 2:1
6 EL Apfelbalsamessig

1 – Die Kirschen waschen, abtropfen lassen und entsteinen, am besten mit einem Kirschentsteiner.

2 – Die Kirschen in einem großen Topf mit dem Gelierzucker gut vermischen und abgedeckt 1 Tag ziehen lassen.

3 – Den Essig unter die Kirschmischung rühren. Die Mischung langsam zum Kochen bringen und unter Rühren 3 Minuten sprudelnd kochen. Eine Gelierprobe (s. S. 154) machen.

4 – Die Kirschmasse in sterilisierte Gläser füllen. Sofort verschließen und die Konfitüre 10 Minuten bei 90 °C einkochen (s. S. 9–10).

KOMBITIPP

Das Gelee hat eine sehr angenehm fruchtige Note und schmeckt sowohl auf Brot als auch in Kombination mit Käse.

TOMATENGELEE MIT THYMIAN

Für dieses Rezept brauchen Sie etwas Geduld, denn damit man ein farbloses Gelee erhält, müssen die pürierten Tomaten in einem Passiertuch mehrere Stunden langsam abtropfen. Besonders gut gelingt das, wenn das Tuch aufgehängt wird.

3 Gläser (à etwa 300 ml)
12 Std. Abtropfen + 10 Min. Einkochen
etwa 1 Jahr

1 kg vollreife Tomaten
5 Stiele Thymian
750 g Gelierzucker 2:1
30 g Cidreessig (oder Apfelessig)

1 – Tomaten und Thymian waschen und trocken tupfen, dann beides zusammen im Mixer grob pürieren. Ein Sieb in eine Schüssel hängen und mit einem Mull- oder Passiertuch auslegen. Das Tomatenpüree hineingeben und 12 Stunden abtropfen lassen, am besten über Nacht.

2 – Vom aufgefangenen Tomatensaft 500 g abwiegen und zusammen mit dem Gelierzucker in einen Topf geben. Zum Kochen bringen und 3 Minuten sprudelnd kochen, dann den Essig unterrühren. Eine Gelierprobe (s. S. 154) machen.

3 – Die Mischung in sterilisierte Gläser füllen und diese sofort verschließen. Das Gelee 10 Minuten bei 90 °C einkochen (s. S. 9–10).

GANZJÄHRIG · GANZJÄHRIG ·

ORANGENMARMELADE

4 Gläser (à etwa 300 ml)
10 Min. Einkochen
etwa 1 Jahr

500 g frisch gepresster Orangensaft
(von etwa 3 Orangen)
400 g Orangenfilets
(von etwa 2 Orangen)
Schale von 3 Bio-Orangen
100 g frisch gepresster Zitronensaft
(von etwa 2 Zitronen)
750 g Gelierzucker 2:1

1 – Orangensaft und -filets in einen großen Topf geben. Die Orangenschale in sehr feine Streifen schneiden und zusammen mit dem Zitronensaft und dem Gelierzucker ebenfalls in den Topf geben.

2 – Die Mischung langsam zum Kochen bringen und unter Rühren 3 Minuten sprudelnd kochen. Eine Gelierprobe (s. S. 154) machen.

3 – Die Marmelade in sterilisierte Gläser füllen und diese sofort verschließen. Die Marmelade 10 Minuten bei 90 °C einkochen (s. S. 9–10).

TIPP

Verwenden Sie für die Orangenfilets Blutorangen, das schmeckt nicht nur gut, sondern sieht auch hübsch aus.

GES

PFLAUMENMUS

Besonders für Pflaumen- und Apfelbaumbesitzer, die große Mengen ernten, sind diese beiden Rezepte perfekt, denn die Ausbeute bei der Zubereitung ist relativ gering. Es lohnt sich aber, denn durch die lange Kochzeit werden Pflaumenmus und Roasted Apple Butter besonders aromatisch.

4 Gläser (à etwa 300 ml)
12 Std. Ziehen + 2 Std. Backen + 10 Min. Einkochen
etwa 1 Jahr

3 kg vollreife Pflaumen oder Zwetschgen
450 g brauner Zucker
Saft von 1 Zitrone
1–2 TL Lebkuchengewürz (nach Belieben)

1 – Die Pflaumen waschen, entsteinen, mit dem Zucker in einem ofenfesten Topf (z. B. Bräter) mischen und abgedeckt 12 Stunden ziehen lassen.

2 – Backofen auf 180 °C vorheizen. Pflaumen, Zitronensaft und nach Belieben Lebkuchengewürz mischen. Offen im Ofen etwa 2 Stunden sehr dickflüssig einkochen lassen, dabei alle 30 Minuten rühren. In sterilisierte Gläser füllen, sofort verschließen und 10 Minuten bei 90 °C einkochen (s. S. 9–10).

ROASTED APPLE BUTTER

2 Gläser (à etwa 300 ml)
75 Min. Kochen/Backen + 30 Min. Einkochen
etwa 1 Jahr

1 kg säuerliche Äpfel
5 Zweige Thymian
300 ml Cider
abgeriebene Schale von ½ Bio-Zitrone
80 g Rohrohrzucker
½ TL Salz
1 EL Cidreessig (oder Apfelessig)

1 – Die Äpfel waschen und in grobe Stücke schneiden. Den Thymian waschen. Apfelstücke und Thymian mit Cider, Zitronenschale, Zucker und Salz in einem Schmortopf aufkochen und etwa 30 Minuten bei mittle-

rer Hitze köcheln lassen. Dabei regelmäßig umrühren, damit die Äpfel nicht ansetzen.

2 – Den Backofen auf 180 °C vorheizen. Sobald der Cider komplett verkocht und die Äpfel zerfallen sind, das Apfelmus durch ein Sieb passieren und auf einem Backblech verstreichen. Das Apfelmus 30–45 Minuten backen, bis es eine sehr zähflüssige Konsistenz hat. Währenddessen das Mus gelegentlich umrühren.

3 – Den Essig unter das Mus rühren und dieses in sterilisierte Gläser füllen. Die Gläser sofort verschließen und das Mus 30 Minuten bei 90 °C einkochen (s. S. 9–10).

FRÜHLING · FRÜHLING ·

RHABARBERKOMPOTT

Der große Vorteil dieses im Glas gekochten Kompotts: Der Rhabarber behält seine Form und zerfällt nicht vollständig. Bereiten Sie es bevorzugt im April und Mai zu, da junger Rhabarber einen verhältnismäßig geringen Gehalt an Oxalsäure hat.

3 Gläser (à etwa 370 ml)
30 Min. Einkochen
etwa 1 Jahr

600 g Himbeerrhabarber
3 Streifen Bio-Zitronenschale
175 g Zucker

1 – Den Rhabarber waschen, putzen und in etwa 4 cm lange Stücke schneiden. Die Rhabarberstücke fest in sterilisierte Gläser schichten, dabei pro Glas 1 Streifen Zitronenschale dazugeben.

2 – Den Zucker mit 300 g Wasser in einem Topf aufkochen und köcheln lassen, bis sich der Zucker vollständig aufgelöst hat. Den Sirup abkühlen lassen.

3 – So viel Zuckersirup in die Gläser füllen, dass der Rhabarber gerade eben bedeckt ist. Die Gläser verschließen und den Rhabarber 30 Minuten bei 90 °C einkochen (s. S. 9–10).

TIPP

Rote Rhabarbersorten müssen nicht geschält werden und verleihen dem Kompott eine besonders schöne Farbe.

SOMMER · SOMMER ·

ROTE GRÜTZE

Die Rote Grütze vor dem Einfüllen in die Gläser nicht zu kräftig rühren und behutsam in die Gläser füllen, damit die Früchte ganz bleiben!

5 Gläser (à etwa 500 ml)
30 Min. Einkochen
etwa 1 Jahr

2 kg gemischte Beeren (z. B. Erd-, Him-, Brom-, Johannis- und Jostabeeren)
300 g Fruchtsaft (z. B. Orangensaft)
50 g Zitronensaft
500 g Gelierzucker 2:1

1 – Die Beeren verlesen, in einem Sieb abbrausen und abtropfen lassen. Fruchtsaft, Zitronensaft und Gelierzucker in einem großen Topf verrühren. Die Saftmischung aufkochen und 3 Minuten sprudelnd kochen lassen, dann die Beeren einrühren.

2 – Die Rote Grütze in sterilisierte Gläser füllen und diese sofort verschließen. Grütze 30 Minuten bei 90 °C einkochen (s. S. 9–10).

SOMMER · SOMMER ·

PFIRSICH-THYMIAN-KOMPOTT

4 Gläser (à etwa 500 ml)
30 Min. Einkochen
etwa 1 Jahr

2 kg reife Pfirsiche
12 Zweige Thymian
400 g Zucker
Saft von 1 Zitrone

1 – Die Pfirsiche an der Spitze kreuzweise einschneiden und in kochendem Wasser 20 Sekunden blanchieren. Mit einem Schaumlöffel herausheben und in Eiswasser abschrecken. Die Haut abziehen, dann die Pfirsiche halbieren und entsteinen. Den Thymian waschen. Pfirsiche mit je 3 Thymianzweigen in sterilisierte Gläser verteilen.

2 – Für den Sud 1 kg Wasser mit Zucker und Zitronensaft in einem Topf aufkochen und köcheln, bis sich der Zucker vollständig aufgelöst hat. Abkühlen lassen. Die Pfirsiche mit dem Sud aufgießen. Die Gläser fest verschließen und die Pfirsiche 30 Minuten bei 90 °C einkochen (s. S. 9–10).

TIPP

Reife Pfirsiche lassen sich deutlich besser vom Kern lösen als feste, achten Sie deshalb besonders auf den Reifegrad!

VANILLEWAFFELN
MIT ROTER GRÜTZE

Die Waffeln friere ich gerne auf Vorrat ein und backe sie vor dem Servieren im Toaster auf, so schmecken sie wieder wie frisch gebacken.

etwa 10 Waffeln

300 g Butter
500 g Mehl
1 TL Backpulver
1 TL Natron
5 Eier (M)
¼ TL Salz
300 g Rohrohrzucker
Mark von 1 Vanilleschote
250 g Buttermilch

Außerdem
Butter für das Waffeleisen
1 Glas Rote Grütze (s. S. 174)
etwa 750 ml Vanilleeis

1 – Die Butter in einem Topf zerlassen und bei mittlerer Hitze köcheln lassen, bis sie leicht gebräunt ist. Den Topf von der Herdplatte nehmen und die Butter etwas abkühlen lassen.

2 – Inzwischen Mehl, Backpulver und Natron mischen. Die Eier mit Salz, Zucker und Vanille in einer Schüssel mit dem Handrührgerät mehrere Minuten sehr schaumig rühren.

3 – Die Butter nach und nach unter ständigem Rühren unter die Eiermasse rühren.

4 – Die Buttermilch nach und nach abwechselnd mit der Mehlmischung unterrühren und alles zu einem glatten Teig verrühren.

5 – Das Waffeleisen aufheizen und bei Bedarf leicht mit Butter einfetten. Aus dem Teig nach und nach portionsweise etwa zehn Waffeln backen.

6 – Fertige Waffeln auf einem Kuchengitter auskühlen lassen. Dann mit Roter Grütze und je 1 Kugel Vanilleeis servieren.

SOMMER · SOMMER ·

STACHELBEERKOMPOTT

6 Gläser (à etwa 500 ml)

30 Min. Einkochen

1 Jahr

2 kg Stachelbeeren
6 Kardamomkapseln
150 g Zucker
500 g Apfelsaft

1 – Die Stachelbeeren waschen, putzen und abtropfen lassen. Die Beeren auf die sterilisierten Gläser verteilen, dabei pro Glas je 1 leicht aufgebrochene Kardamomkapsel dazugeben.

2 – Den Zucker mit dem Apfelsaft und 500 g Wasser in einem großen Topf aufkochen und bei mittlerer Hitze köcheln lassen, bis sich der Zucker vollständig aufgelöst hat. Den Sirup abkühlen lassen.

3 – So viel Zuckersirup in die Gläser füllen, dass die Stachelbeeren gerade eben bedeckt sind. Die Gläser fest verschließen und die Stachelbeeren 30 Minuten bei 90 °C einkochen (s. S. 9–10).

HERBST · HERBST ·

ROTWEINBIRNEN

Diese Birnen serviere ich gerne als krönenden Abschluss eines festlichen Sonntagsessens zusammen mit einer schönen Mousse au Chocolat oder einer Puddingcreme. Schräg aufgeschnitten sehen sie besonders hübsch aus und sind schnell vorbereitet.

3 Gläser (à etwa 1 l)
30 Min. Einkochen
etwa 1 Jahr

1,5 kg kleine, nicht zu weiche Birnen (z. B. Conference)
6 Streifen Bio-Zitronenschale
500 g Rotwein
300 g Zucker

1 – Die Birnen schälen und halbieren, das Kerngehäuse jeweils herausschneiden. Die Birnenhälften dicht in sterilisierte Gläser drücken, dabei pro Glas je 2 Streifen Zitronenschale hinzufügen.

2 – Für den Sud den Rotwein mit 500 g Wasser und dem Zucker in einem Topf aufkochen und bei mittlerer Hitze köcheln lassen, bis sich der Zucker vollständig aufgelöst hat. Den Sud abkühlen lassen.

3 – Die Birnen mit dem Sud aufgießen. Die Gläser fest verschließen und die Birnen 30 Minuten bei 90 °C einkochen (s. S. 9–10).

TIPP

Zum Servieren koche ich den Birnensud auf und binde ihn mit etwas Speisestärke.

WINTER · WINTER ·

KUMQUATBLÜTEN
IN KARDAMOM-VANILLE-SIRUP

Die Zubereitung dieser Kumquatblüten ist etwas aufwendig, lohnt sich aber auf jeden Fall, denn durch das Entkernen ist maximaler Genuss garantiert. Egal, ob eingekocht oder getrocknet – sie sind eine hübsche Beilage zu Waffeln, Cremes oder Eis und auch ein schönes Mitbringsel.

3 Gläser (à etwa 300 ml)

30 Min. Kochen + 12 Std. Ziehen + 20 Min. Einkochen

etwa 1 Jahr

150 g Kumquats
200 g Zucker
2 grüne Kardamomkapseln
½ Vanilleschote

1 – Die Kumquats gründlich waschen, dann rundherum mehrfach längs einschneiden, dabei darauf achten, die Früchte an der Spitze und der Unterseite nicht durchzuschneiden. Die Spitze und Unterseite leicht mit den Fingern zusammendrücken und die Kerne mit einem Schaschlikspieß entfernen. In einem Topf Wasser zum Kochen bringen und die Kumquats darin 1 Minute blanchieren. In ein Sieb abgießen.

2 – Den Zucker mit 200 g Wasser in einem Topf zum Kochen bringen. Die Kardamomkapseln leicht andrücken und dazugeben. Die Vanilleschote längs aufschneiden, das Mark mit einem spitzen Messer herauskratzen und zusammen mit der Schote ebenfalls in den Topf geben. Die Kumquats hinzufügen und bei schwacher Hitze 30 Minuten nur ganz leicht köcheln lassen. Dann den Topf von der Herdplatte nehmen und die Kumquats im Sirup etwa 12 Stunden ziehen lassen.

3 – Die Kumquats mit zwei Fingern zusammendrücken, sodass die Blütenform entsteht, und auf die Gläser verteilen. Den Sirup nochmal aufkochen und die Gläser damit aufgießen. Sofort fest verschließen und 20 Minuten bei 80 °C einkochen (s. S. 9–10).

KOMBITIPP

Die Kumquats passen gut zu Waffeln, etwa zu Vanillewaffeln (s. S. 176). Nach Belieben unter einen Teil des Waffelteigs etwas Kakaopulver rühren!

TIPP

Die in Step 3 zusammengedrückten Kumquats können auch getrocknet werden. Dazu auf einem mit Backpapier ausgelegten Backblech verteilen und 8–10 Stunden bei 60 °C trocknen.

SOMMER · SOMMER ·

PFIRSICH-CHUTNEY

4 Gläser (à etwa 300 ml)
15 Min. Kochen + 30 Min. Einkochen
mindestens 6 Monate

1 rote Zwiebel
½ große milde Chilischote
900 g Pfirsiche
etwa 1 EL Rapsöl
1 TL Korianderkörner
1 EL gelbe Senfsamen
50 g Muscovadozucker (oder brauner Zucker)
80 g Cidreessig (oder Apfelessig)
1 Lorbeerblatt
1 TL Lemon Myrtle (aus dem Gewürzhandel)
Salz
frisch gemahlener schwarzer Pfeffer

1 – Zwiebel schälen, Chilischote entkernen und waschen. Beides in feine Streifen schneiden. Pfirsiche waschen, halbieren und entsteinen. Fruchtfleisch klein würfeln.

2 – Zwiebel in einem Topf in Öl glasig anschwitzen. Koriander, Senfsamen und Chili hinzufügen und andünsten, bis Koriander und Senf zu knistern beginnen. Zucker daraufstreuen und leicht karamellisieren. Mit Cidreessig ablöschen. Pfirsiche, Lorbeerblatt und Lemon Myrtle dazugeben. Mit Salz und Pfeffer würzen und offen bei schwacher Hitze etwa 15 Minuten köcheln lassen.

3 – In sterilisierte Gläser füllen, sofort verschließen und das Chutney 30 Minuten bei 90 °C einkochen (s. S. 9–10).

RHABARBER-APFEL-CHUTNEY

Chutneys werden sehr gerne als Begleitung zu Käse oder Braten, als Dip oder auch auf Brot gegessen, ich verwende sie aber auch häufig als Würzmittel für Saucen und asiatische Schmorgerichte.

6 Gläser (à etwa 300 ml)
30 Min. Kochen + 10 Min. Einkochen
mindestens 1 Jahr

300 g rote Zwiebeln
30 g Ingwer
300 g Apfel
350 g Rhabarber
150 g Datteln
100 g getrocknete Cranberrys
etwa 1 EL Rapsöl
1 EL gelbe Senfsamen
1 TL englisches Currypulver (oder mildes Currypulver)
100 g brauner Zucker
½ TL Salz
½ TL Piment d'Espelette
150 g Rotweinessig

1 – Die Zwiebeln schälen und fein würfeln. Den Ingwer schälen und reiben. Den Apfel schälen, entkernen, fein würfeln. Den Rhabarber waschen, putzen und fein würfeln. Die Datteln entsteinen und fein würfeln. Die Cranberrys fein hacken.

2 – Die Zwiebeln in Öl glasig anschwitzen. Bis auf Rhabarber und Essig alle Zutaten hinzufügen und kurz anschwitzen. Mit Essig ablöschen und offen bei schwacher Hitze 20 Minuten köcheln. Den Rhabarber dazugeben, bei mittlerer Hitze 10 Minuten köcheln. Ist das Chutney zu trocken, etwas Wasser unterrühren. In sterilisierte Gläser füllen, verschließen und das Chutney 10 Minuten bei 90 °C einkochen (s. S. 9–10).

HERBST · HERBST ·

BIRNEN-TOMATEN-CHUTNEY

4 Gläser (à etwa 300 ml)

20 Min. Kochen + 30 Min. Einkochen

mindestens 6 Monate

150 g rote Zwiebeln
300 g Birnen
5 Zweige Thymian
500 g feste Fleischtomaten
etwa 1 EL Olivenöl
2 confierte Knoblauchzehen
(s. S. 28; oder 1 Knoblauchzehe,
sehr fein gewürfelt)
1 TL Korianderkörner
½ TL Selleriesamen
1 EL Ingwer, fein gerieben
½ TL Chilischote, sehr fein gewürfelt
30 g Honig
50 g Weißweinessig
1 Lorbeerblatt
Salz
grob gemahlener schwarzer Pfeffer

1 – Die Zwiebeln schälen und in feine Streifen schneiden. Die Birnen schälen und grob würfeln, dabei die Kerngehäuse entfernen. Den Thymian waschen. Die Tomaten waschen und grob würfeln, dabei die Stielansätze entfernen.

2 – Das Öl in einem Topf erhitzen und die Zwiebelstreifen darin glasig anschwitzen. Knoblauch, Korianderkörner, Selleriesamen, Ingwer und Chili hinzufügen und mit andünsten, bis die Koriander- und Selleriesamen anfangen zu knistern.

3 – Den Honig dazugeben und rühren, bis alle Zutaten glasiert sind. Mit Essig ablöschen. Birnenwürfel, Thymian und Lorbeerblatt unterrühren und alles bei mittlerer Hitze 5 Minuten köcheln lassen. Die Tomatenwürfel dazugeben. Mit Salz und Pfeffer würzen und 10–15 Minuten weiterköcheln. Das Lorbeerblatt herausnehmen.

4 – Das Chutney in sterilisierte Gläser füllen und diese sofort verschließen. Das Chutney 30 Minuten bei 90 °C einkochen (s. S. 9–10).

GANZJÄHRIG · GANZJÄHRIG ·

PORTWEINZWIEBELN

Portweinzwiebeln verwende ich zu jeder Jahreszeit in großen Mengen, denn sie schmecken zu fast allem. Im Winter serviere ich sie zu Fondue und Raclette, im Sommer dürfen sie auf keinem Burger oder Sandwich fehlen.

2 Gläser (à etwa 200 ml)
30 Min. Einkochen
mindestens 1 Jahr

500 g rote Zwiebeln
einige Thymianzweige
etwa 1 EL Rapsöl
15 g Rohrohrzucker
250 g Portwein (Typ Ruby)
1 Lorbeerblatt
30 g Rotweinessig
Salz
frisch gemahlener schwarzer Pfeffer

1 – Die Zwiebeln schälen und in schmale Streifen schneiden oder hobeln. Den Thymian waschen und trocken schütteln.

2 – Etwas Öl in einer Pfanne oder einem Topf erhitzen und die Zwiebelstreifen darin bei mittlerer Hitze 15 Minuten unter Rühren anschwitzen. Den Zucker daraufstreuen, gut unterrühren und einige Minuten karamellisieren lassen.

3 – Mit Portwein ablöschen, Thymian und Lorbeerblatt dazugeben. Bei mittlerer Hitze köcheln lassen, bis der Wein fast komplett verkocht ist. Den Essig hinzufügen und ebenfalls etwas einkochen lassen. Mit Salz und Pfeffer würzen.

4 – Die Portweinzwiebeln in sterilisierte Gläser füllen und diese sofort verschließen. Die Zwiebeln 30 Minuten bei 90 °C einkochen (s. S. 9–10).

TIPP

Eine besonders schöne Farbe bekommen die Zwiebeln, wenn sie mit einem Ruby Portwein zubereitet werden!

REGISTER

Rezepte, Texte, Fotos und Foodstyling
Stephanie Kosten
Lektorat Karin Kerber
Innengestaltung, Typografie, Covergestaltung
Anna Schlecker

FÜR DEN DK VERLAG:
Programmleitung Monika Schlitzer
Redaktionsleitung Anne Heinel
Projektbetreuung Jessica Kleppel
Herstellungsleitung Dorothee Whittaker
Herstellungskoordination Ksenia Lebedeva
Herstellung Stefanie Staat

ISBN 978-3-8310-3642-4

Repro Farbsatz, Neuried/München
Druck und Bindung Leo Paper Products, China

FSC www.fsc.org MIX Papier aus verantwortungsvollen Quellen FSC® C020056

www.dorlingkindersley.de

BILDNACHWEIS
Bloglogo Stephanie Kosten
Alle Illustrationen im Innenteil von 123RF.com
Elena Pimonova/pimonova.
Umschlagfotos Stephanie Kosten
Coverillustration 123RF.com: Pongphan Ruengchai/antpkr (Kartonhintergrund vorne, Rücken, hinten); 123RF.com: Elena Pimonova/pimonova (Illustration auf dem Rücken)

HINWEIS

Die Informationen und Ratschläge in diesem Buch sind von der Autorin und vom Verlag sorgfältig erwogen und geprüft, dennoch kann eine Garantie nicht übernommen werden.
Eine Haftung der Autorin bzw. des Verlags und seiner Beauftragten für Personen-, Sach- und Vermögensschäden ist ausgeschlossen.

Soweit nicht anders angegeben, beziehen sich die Temperaturangaben für den Ofen auf Ober- und Unterhitze. Bei Umluft verringert sich die Temperatur um etwa 20 °C. Beachten Sie hierzu gegebenenfalls auch die Angaben des Herstellers.

OBST

	Januar	Februar	März	April	Mai	Juni	Juli	August	September	Oktober	November	Dezember
Äpfel	○	○	○	○	○	○	●	●	●	●	○	○
Aprikosen	—	—	—	—	—	—	●	●	—	—	—	—
Birnen	○	—	—	—	—	—	—	●	●	●	○	○
Brombeeren	—	—	—	—	—	—	●	●	●	—	—	—
Erdbeeren	—	—	—	—	●	●	●	—	—	—	—	—
Heidelbeeren	—	—	—	—	—	●	●	●	●	—	—	—
Holunderbeeren	—	—	—	—	—	—	—	—	●	●	—	—
Johannisbeeren	—	—	—	—	—	●	●	●	—	—	—	—
Mirabellen	—	—	—	—	—	—	●	●	●	—	—	—
Pfirsiche	—	—	—	—	—	—	●	●	●	—	—	—
Pflaumen	—	—	—	—	—	—	●	●	●	—	—	—
Quitten	—	—	—	—	—	—	—	—	●	●	●	—
Sanddorn	—	—	—	—	—	—	—	—	●	●	—	—
Sauerkirschen	—	—	—	—	—	—	●	●	—	—	—	—
Stachelbeeren	—	—	—	—	—	●	●	●	—	—	—	—
Süßkirschen	—	—	—	—	—	●	●	●	—	—	—	—
Zwetschgen	—	—	—	—	—	—	●	●	●	●	—	—

BLÜTEN

	Januar	Februar	März	April	Mai	Juni	Juli	August	September	Oktober	November	Dezember
Bärlauch	—	—	—	●	●	—	—	—	—	—	—	—
Dill	—	—	—	—	—	—	●	●	—	—	—	—
Holunder	—	—	—	—	●	●	—	—	—	—	—	—
Lavendel	—	—	—	—	—	●	●	●	—	—	—	—
Löwenzahn	—	—	—	●	●	●	—	—	—	—	—	—
Schnittlauch	—	—	—	—	●	●	—	—	—	—	—	—
Zucchini	—	—	—	—	—	●	●	—	—	—	—	—

● Frischware aus heimischem Anbau ○ Lagerware aus heimischem Anbau — nicht aus regionalem Anbau verfügbar